附属新潟中式

「主体的・対話的で深い学び」をデザインする

「学びの再構成」

新潟大学教育学部附属新潟中学校研究会 編著

東信堂

まえがき

新潟大学教育学部附属新潟中学校長・垣水　修

本書『「主体的・対話的で深い学び」をデザインする「学びの再構成」』は，本校（新潟大学教育学部附属新潟中学校）の教育および研究における取り組みについて，理論的・実践的に検証をおこない，その成果に基づき，これからの学校教育への提案をおこなおうとする試みです。

現在学校教育においては，社会に開かれた教育課程の実現が目指されています。そのような教育課程を通じて子どもたちに必要とされる資質・能力を育成していこうというのが，新しい学習指導要領等の理念であり，この理念を踏まえて，各教科の教育内容を相互の関係で捉え，教科横断的な視点をもって，教育内容を組織的に配列・構成し，新たな教育課程を構築していくことが求められています。

今日の学校教育は，普遍的であるべき教育の根幹を踏まえながら，グローバル化の進展など社会の加速度的な変化に対応していくことが必要であり，"よりよい学校教育を通じてよりよい社会を創る"という目標を学校と社会が共有し，協働しながら開かれた教育課程を実現していかなければなりません。

附属新潟中学校における本年度の研究主題は，「豊かな対話を求め，確かな学びに向かう生徒を育む授業」と設定しました。私たちは各方面の多くの先生方のご協力を得ながら理論的・実践的に研究を進め，検証をおこない，その成果を発信していこうと考えました。本書はその成果を世に問うものです。

これからの学校教育を担って行く立場にある教師の皆さんには，多様なチャレンジに果敢に立ち向かっていくことが期待されています。本書は，こうした熱意ある教師の皆さんや広く教育に関わる方々のために作られました。

本書はまず巻頭に，本校の教育研究に携わっていただいている3人の先生，松下佳代先生（京都大学），後藤顕一先生（東洋大学），石井英真先生（京都大学）からいただいた3編の論考を載せさせていただきました。これら3編の論考は本書の構成における3本の軸をなすものであり，さらに附属新潟中学校での今回の研究の枠を遥かに超えて，これからの学校教育を考えていく上での指針となるものと考えます。

第1章においては，「学びの再構成」に関する実践に基づいた理論の枠組みを提示し，解説します。第2章においては，理論に基づいた「学びの再構成を促す工夫」の実践例を具体的に紹介していきます。第3章においては，新学習指導要領に対応したカリキュラムづくりについて，「プログレスカード」などに焦点をあてた活用法を基に述べていきます。

学校教育は，子どもたちの選択肢を広げる役割を担っています。単に知識と技能を身につけさせるだけではなく，確かな学びのプロセスを通して，子どもたち一人ひとりが世界の本質を，その多様性と豊かさを含めて認識し，自由と論理的な思考の大切さを理解し，協調と友情の大切さを理解していくことが重要であり，「主体的・対話的で深い学び」とはそのためのものと言えます。

教育は社会における最も基本的で不可欠な営みであり，それゆえ私たち教師は，教育において子どもたち自身の成長と，持続可能な社会を形づくっていくという二つの大きな責任を負っていることになります。

教育がただ子どもたちの発達を意味するだけではなく，彼らがやがてその構成員となる未来の社会のためのものでもある，ということを真に理解することが強く求められています。

目　次

まえがき .... 新潟大学教育学部附属新潟中学校長　垣水　修　i

巻頭言

深い学びを促す対話型論証 .... 京都大学・高等教育研究開発推進センター・教授　松下　佳代　2

新潟大学附属新潟中学校の教育実践の価値
　... 東洋大学・食環境科学部・食環境科学科・教授　後藤　顕一　6

今求められる授業づくりの方向性　教科の本質を
　追求する「教科する」授業へ .... 京都大学大学院・教育学研究科・准教授　石井　英真　10

理論編

第1章　「主体的・対話的で深い学び」をデザインする
　　　　「学びの再構成」... 研究主任　上村　慎吾　14
　1．学びの再構成とは？
　2．教師として今担当している教科を教えようと思ったきっかけは？
　　　〜教科内容を学ぶ中で，「わかったつもりでいた物事が違ったように
　　　見えてくる」という経験がありませんでしたか？〜
　3．資質・能力の育成を図る「主体的・対話的で深い学び」と「学びの再構成」の関連は？
　4．資質・能力の育成を図る「主体的・対話的で深い学び」をデザインするために
　　　「学びの再構成」を手だてとしてどのように組み立てるか？
　5．「学びの再構成」の2つの過程
　6．「学びの再構成を促す工夫」を講じた授業の展開例
　7．「主体的・対話的で深い学び」をデザインする「学びの再構成」についてのまとめ

実践編

第2章　「学びの再構成」の視点を活用した授業改善の実践集 28
　この章の読み方 29
　【実践1】　国語　様々な役割で複数の文章を読もう（1年）............... 坂井　昭彦　30

【実践2】	社会　明治維新～明治150年の新潟から～（2年）………………	山田　　耀	34
【実践3】	数学　一次関数の利用（2年）………………………………………	瀬野　大吾	38
【実践4】	理科　力や慣性の大きさと運動（3年）……………………………	庭田　茂範	42
【実践5】	理科　光の反射～反射と像の見え方～（1年）…………………	齋藤　大紀	46
【実践6】	音楽　思いを声に（ゴスペル）（2年）……………………………	和田麻友美	50
【実践7】	美術　アートプロジェクト・水と土の芸術祭（2年）…………	田代　　豪	54
【実践8】	保健体育　球技　ゴール型　タグラグビー（3年）……………	倉嶋　昭久	58
【実践9】	技術・家庭（技術分野）		
	生活に役立つ製品の設計～材料と表面処理の技術～（1年）…	永井　　歓	62
【実践10】	技術・家庭（家庭分野）　うま味を極めよう！（2年）………	竹内　　恵	66
【実践11】	英語　日本のアニメを留学生に紹介しよう（1年）……………	源田　洋平	70
【実践12】	道徳　命に向き合う（3年）………………………………………	熊谷　友良	74
【実践13】	特別活動　学級ＰＲプレゼンを制作しよう（3年）……………	石川　　哲	78
【実践14】	総合的な学習の時間		
	みなとまち新潟の魅力の発見と発信（3年）………………	上村　慎吾	82

［コラム］　なぜ附属新潟中職員は育つのか？……………………… 教頭　中村　雅芳　86

第3章　「学びの再構成」を底支えするカリキュラム・マネジメント
　　　　……………………………………………………… 研究主任　上村　慎吾　87
　1．当校のカリキュラム・マネジメントの考え方
　2．プログレスカードを中心とした教科の資質・能力をつなぐ工夫
　3．プログレスカードを中心とした教科の資質・能力をつなぐ工夫の導入による効果

あとがき……………………………… 新潟大学教育学部附属新潟中学校副校長　佐藤　靖子　93

執筆者一覧・研究同人　………………………………………………………………………　94

附属新潟中式「主体的・対話的で深い学び」をデザインする「学びの再構成」

巻頭言

深い学びを促す対話型論証

京都大学　高等教育研究開発推進センター　教授

松下　佳代

1．なぜ，「主体的」「対話的」「深い」なのか

本書のテーマは，「主体的・対話的で深い学び」のデザインである。ご存知のように，「主体的・対話的で深い学び」という言葉は，2017・18年版学習指導要領の編成作業の中で，当初の「課題の発見・解決に向けた主体的・協働的な学び（いわゆる「アクティブ・ラーニング」）に代わって使われるようになった。それにしても，なぜ，「主体的」「対話的」「深い」という3つなのだろうか。

「教えから学びへの転換」が唱えられた1990年代の前半に，佐藤学氏は「学びの三位一体論」を提唱した。「学びの三位一体論」では，学びを，単なる知識や技能の習得ではなく，〈学習者と対象世界との関係，学習者と他者との関係，学習者と自己との関係，という3つの関係を編み直す実践〉と定義している。

この「学びの三位一体論」にみられるように，対象世界・他者・自己というのは，学びや能力を構成する3つの軸である。「主体的」「対話的」「深い」は，この3軸にそって学びをより豊かなものにする方向性を示したものだとみることができる。

2．「深い学び」をどう捉えるか

このうち，当初のアクティブ・ラーニングにはなく後から加わったのが「深い学び」である。私は，アクティブ・ラーニングがブームになる少し前に，仲間たちと『ディープ・アクティブラーニング』という本を世に出した。アクティブ・ラーニングが学習方法の改革に焦点をあてがちであったのに対して，学習の質や内容に焦点をあてるディープ・ラーニングを交差させ，「活動あって学びなし」に陥らないようにすることの必要性を訴えた本だった。この本は大学教育を対象にしていたが，ある意味で，「アクティブ・ラーニングから主体的・対話的で深い学び」へという動きを先取りしていたともいえる。

「ディープ・ラーニング」という言葉は，最近ではAIの手法の名称として知られているが，心理学ではそれとは異なる意味で1970年代の半ばから使われてきた。私はそれをさらに拡張させて，「深さ」を追求する学習論には少なくとも次の3つの系譜があると整理した。

①深い学習（deep learning）：単に教えられたことを暗記しはき出すだけでなく，推論や論証を行いながら意味を追求しているか
②深い理解（deep understanding）：事実的知識や個別のスキルだけでなく，その背後にある概念や原理を理解しているか
③深い関与（deep engagement）：いま学んでいる対象世界や学習活動に深く入り込んでいるか

このうち一番耳慣れないのは，たぶん「深い関与」だろう。「関与（engagement）」というのは，心理学で，課題に没頭して取り組んでいる心理状態のことをいう。「学びひたり　教えひたっている　それは優劣のかなた」——大村はまが詩によんだこの学びと教えの姿こそ，まさに深い関与だ。

文科省では「深い学び」を，「習得・活用・探究という学びの過程の中で，各教科等の特質に応じた『見方・考え方』を働かせながら，知識を相互に関連付けてより深く理解したり，情報を精査して考えを形成したり，問題を見いだして解決策を考えたり，思いや考えを基に創造したりすることに向かう」学び（中教審答申，2016年12月）と定義しているが，上の3つの系譜によって捉えられる「深い学び」は，それより広い。そして，これまでも日本の教師たちが，子どもたちの中に実現しようとしてきた学びの姿なのである。

3．対話型論証という活動

(1) 対話型論証とは

では，このような深い学びは，どんな活動を通じて実現することができるのだろうか。さまざまな教科や総合などで多様な試みがなされてきているが，私は「対話型論証（アーギュメンテーション）」を挙げたい。対話型論証とは，他者と対話しながら，事実・データをもとに一定の主張を組み立てていく活動のことである。対話型論証は，あらゆる教科や総合の中で，またあらゆる学校段階で行われる。もっといえば，学校外の日常生活の中でも，学校を卒業した後の社会の中でも行われているごくありふれた活動である。だが，それを意識的に，見事に使いこなしている大人はそう多くない。私は，教科に根ざしつつ教科の枠を超え，さらには学校と社会をつなぎながら資質・能力を育んでいく上で，対話型論証が一つのカギになると考えている。

(2) 対話型論証のモデル

対話型論証は図1のようなモデルで描ける。

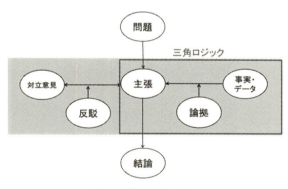

図1　対話型論証モデル

このモデルのうち，灰色の網掛けの部分は，科学哲学者スティーブン・トゥールミンが論証のモデルとして提案した「トゥールミン・モデル」をアレンジしたものである。トゥールミン・モデルは，さまざまな教科で取り入れられているのでご存知の方も少なくないだろう。特にモデルの右側の部分は「三角ロジック」と呼ばれ，中1の国語の教科書にも載っているくらいだ。三省堂『現代の国語I』では，「主張」と「事実」と「理由づけ」（図1では「論拠」）の3点を意識して考える方法を「三角ロジック」とし，「主張の正しさを確かめるためには，事実と理由づけが正しいかを確かめることが必要です」と説明している。例えば，教材「玄関扉」ではこんなふうに三角ロジックが使われている——「玄関のドアは，欧米では内側に開く」という事実について，「『いらっしゃいませ』というように開くから」という理由づけをすれば，「欧米は，外来者を客として受け入れる文化だ」という主張が導かれるのに対して，「外部からの侵入を防ぎやすいから」という理由づけをすれば，「欧米は，外来者を敵として拒む文化だ」というまったく正反対の主張が導かれる。

前述の「学びの三位一体論」との関係でいえば，図1の右側の三角ロジックの部分が主に対象世界との関係を表わすのに対し，左側の部分（対立意見―反駁―主張）は主に他者との関係を表している。いうまでもなく，他者との関係は，「対立」だけでない。ここでいいたいのは，自分とは異なる多様な意見に耳を傾け，それを考慮しながら自分の主張を組み立てることの重要性である。

〈問題〉と〈結論〉はもともとのトゥールミン・モデルにはなく，新たに加えた部分である。生徒の探究活動で多いのが，問いの掘り下げが弱いまま，ネットで調べてきたことをまとめて発表して終わり，というタイプだ。だが，どんな探究活動も，問題を設定し，それに対して複数の主張をひとつながりに関連づけることで一定の結論を導くのでなければ，本当の意味での探究とはいえないだろう。

(3) 習得・活用と探究

ただし，対話型論証は探究にしか関係ないかといえば，そんなことはない。習得・活用と探究の最も大きな違いは，習得・活用段階では〈問題〉を教師が与えるが，探究段階では生徒自身が設定するということ，問題から結論に至るプロセス全体を生徒が主体となって行うということ，にある。逆にいうと，それを除けば対話型論証の要素は習得・活用段階にも含まれている。

一つ例を紹介しよう。昨年6月のある日，大阪・高槻中学校の奥野直人先生の中2理科（単元「動物

のなかまと進化」）の授業はこんな問いで始まった。「古代魚シーラカンスはメダカとヒトのどちらに近縁でしょうか」。シーラカンスといえども魚なんだから当然メダカだろうと考える生徒もいれば、いや先生がわざわざ尋ねるくらいだからヒトなのかもしれないと考える生徒もいて、意見の対立が生じる。続く授業の中で、脊椎動物の進化の過程をたどり、系統樹の考え方や「近縁」という概念を学んだ後で、あらためて最初の問いについて考えると、何とシーラカンスはメダカよりもヒトに近縁だという結論が導かれることになるのである。ここでは、「シーラカンスは、メダカと分岐した後に、ヒトと分岐した」という授業で学んだ事実的知識（＝事実・データ）が、「共通の祖先から分岐してからの時間が短いほど〈近縁〉である」という概念的知識（＝論拠）と結びつけられて、上記の意外な主張（結論）が導かれている（ここでは、主張は一つなので、主張＝結論になっている）。

先ほど、「深さ」の3つの系譜で、「深い学習」は推論や論証を行いながら意味を追求すること、「深い理解」は事実的知識だけでなくその背後にある概念や原理を理解していることに焦点をあてていることを述べた。この授業にみられるように、対話型論証は、習得・活用段階における「深い学習」や「深い理解」を引き起こしやすい活動である。習得・活用段階で「よい問い」「思考・議論しがいのある問い」に出会わせることが、探究段階で生徒自身が問題を設定するときの助けになるだろう。

今回の学習指導要領改訂では、「社会について資料に基づき考える」「観察・実験を通じて科学的に根拠をもって思考する」「意見と根拠、具体と抽象を押さえて考える」「立場や根拠を明確にして議論する」といった活動を取り入れることが勧められている。教科はさまざまだが、これらはすべて対話型論証の例といえる。

4．附属新潟中学校の社会科の授業から

昨年10月19日に行われた附属新潟中学校の平成30年度教育研究発表会で、私は、すべての授業を駆け足で見せていただいた。印象に残る授業はいくつもあったが、ここでは、山田耀先生の中2社会科の授業（単元「明治維新」）を取り上げよう。授業の詳細は、山田先生の報告をご覧いただくことにして、以下では、対話型論証という視点から当日の授業を検討してみたい。

この単元では、大久保利通から「天下一の県令」と賞賛された第2代新潟県令楠本正隆に光をあて、「楠本正隆は新潟で明治維新をどのように進めたのだろうか」が、単元全体の課題として設定されていた。当日の授業は7時間構成の単元の第6時で、これまで学んできたことをふまえて、学級全体で楠本県令の開化政策について検討する活動が行われていた。生徒は、前時には、「楠本県令の開化政策をどのように評価するか」について自分の意見をまとめており、それをもとに、本時では、まず①4人グループで話し合う、次に②論点を全体で共有し、学級全体で楠本の改革の評価を行う、最後に③個人で考えをまとめる、という形で授業が構想されていた。私が見学したのは、ちょうど4人グループで話し合いを行っているときだった。

グループは考えが異なる生徒同士で編成されていた。図2のように、「100％支持する」「70％支持する」「40％支持する」「支持しない」の数直線が模造紙に描かれ、支持する割合が高い生徒から順に理由を発表していく。私の見ていたグループは、生徒たちが口角泡を飛ばす勢いで議論を交わしていた。

図2　中2社会科「明治維新」の授業での生徒たちの意見

この活動は、まさに対話型論証の好例である。一般的に論証の活動というとディベートを思い浮かべる方も少なくないと思うが、ここでは、ディベートのように肯定側・否定側を二項対立的に、参加者の意見と関係なく割り当てるのではなく、「70％支持する」「40％支持する」という選択肢も入れて、生徒がより自分の意見に即した選択肢を選べるようになっていた。

特筆すべきは，〈事実・データ〉の質の高さである。生徒たちは，それまでの授業において楠本の開化政策を，「廃藩置県・地租改正」「学制交付・殖産興業」「文明開化（人々の生活）」「文明開化（町の様子）」という4つの視点から，フィールドワークや一次資料の読み込みによって追究し，追究内容をジグソー法によって共有していた。ただ，学んできた〈事実・データ〉は同じでも，どの〈事実・データ〉を重視するか，それをどんな〈論拠〉によって解釈するのか，誰の立場を重視するのかによって，導かれる〈主張〉は異なってくる。そこには生徒たちそれぞれの価値観の違いが反映している。

こうして，生徒たちは，中央と地方の関係という視座から明治維新という対象世界について深く学び，他者との対話を通して，自分自身の見方に気づきそれを再構築していったのである。

5．対話型論証による深い学び
（1）ヨコの広がり

対話型論証によって深い学びを実現しようという提言自体はさほど珍しいものではない。ただ，これまでは主に各教科の枠内で議論されてきた（表1参照）。

表1　各教科におけるトゥールミン・モデルの使われ方

要素	事実・データ(data) 根拠、証拠(evidence)	論拠(warrant) 理由、理由づけ	主張(claim) 解釈（読み）、主張
国語	文中の記述	既有の知識や経験など	作品の解釈（多様な解釈が許される）
歴史	史料（文書資料、図像など）から得られるデータ（真偽が問題になる）	歴史的文脈についての背景知識など	史料の解釈（より信頼性の高い解釈が追求される）
理科	観察・実験によって得られるデータ（真偽が問題になる）	科学的な概念や原理など	主張（真理性が追求される）

*各要素の名称は、上段にトゥールミン（2011）、下段に各教科で使われている呼称を挙げた。

私の提言の新しさは，教科を超えた共通性を，対話型論証モデルという形で示したことにある。本来，生徒はさまざまな学習活動を通して総体的に成長していく。中学校・高校ではどうしても教科ごとに区切られがちだが，生徒の資質・能力を育てていこうとすれば，教科等の特質をふまえつつ，その枠を超えて学んでいくことが求められる。教科を超えた共通性と教科による違いを同時に視野に入れた深い学びを促すことを，対話型論証は可能にするのである。さらに，問題から結論に至るプロセス全体を射程に入れることで，習得・活用と探究をつなぐ働きもする。これについては，すでに述べたとおりである。

（2）タテのつながり

一方，対話型論証はこのようなカリキュラムの「ヨコの広がり」だけでなく，「タテのつながり」も生み出しやすくする。

私は，対話型論証モデルを，京大の1年生対象の全学共通科目の中で，「批判的に読み，議論し，書くことができるようになる」という目標を達成するためのツールとして使っている。学生たちは，例えば，苅谷剛彦氏の学力格差についての論考を読み解いたり，クラスメートのプレゼンテーションについて議論したり，自分のレポートを組み立てたりするのに，このモデルを使っている。

一方，私はある小学校において，4年生たちが「救急車を有料にすべきかどうか」をめぐって対話型論証を展開しているのを目にしたこともある。また，大学入学共通テストの2017年のプレテストでは，「現代社会」で，三角ロジックを使う問題が出題された。

このように，対話型論証は，小学校から大学まで，さらには社会に出てからもつきあい続けることが求められる活動である。それは，深い学びを促しながら，教科の枠を超え，学校という境界を超えて，資質・能力を育んでいくための中核的な活動となりうるのである。

文献

・牧野由香里（2008）『「議論」のデザイン』ひつじ書房.
・松下佳代・京都大学高等教育研究開発推進センター編（2015）『ディープ・アクティブラーニング―大学授業を深化させるために―』勁草書房.
・トゥールミン, S.（2011）『議論の技法―トゥールミンモデルの原点―』（戸田山和久・福澤一吉訳）東京図書.

巻頭言

新潟大学附属新潟中学校の教育実践の価値

東洋大学　食環境科学部　食環境科学科　教授

後藤　顕一

1．はじめに

　新潟大学教育学部附属新潟中学校（以下，新潟中学校）は，50年にわたる教育研究の歴史があり，常に時代の最先端を走り続けてきた。平成30年度からは文部科学省の研究指定「教科等の本質的な学びを踏まえた主体的・対話的で深い学び（アクティブ・ラーニング）の視点からの学習・指導方法の改善の推進」という研究を行っている。また，学校独自の研究課題として，平成30年度は，「豊かな対話を求め，確かな学びに向かう生徒を育む授業」に取り組んでいる。研究を推進するには，これからの時代に求められる学校教育をデザインし，それを実践し，実践を常に振り返り，マネジメントすることが求められる。新潟中学校は成熟した新潟中学校の独自の文化を継承するとともに，これらのカリキュラム・マネジメントに向き合い検証し続けている。

　新潟中学校の表（おもて）に見えている積極的かつ斬新な取組や成果は，本書が示す通り，それだけを発信するだけでも全国のモデルになり得る。しかし，今回，巻頭で特に示したいのは，表に見えている取組を支える取組，いわば表には見えない，学校が重視している「対話」を通じた地道な裏（うら）の取組についてである。

　顕著な効果が表れている学校の取組を自校に持ち込んで単に模倣してもなかなか成果が出ないという話はよく聞く。本書で示されている事例も一つ一つインパクトがあり，すぐにでも取り入れることが望まれるものばかりである。しかし，単にこれら取組を模倣するだけでは大きな成果は望めないであろう。本書から学ぶべき点は何か。むしろ事例の背景に潜む新潟中学校の教育哲学であり，それを達成するための意識と決意，さらには，それを地道に実践につなげ，検証していく組織体制等ではなかろうか。

　新潟中学校が持ち続けている教育哲学とは何かについては，生徒の育成の視点，教師の育成の視点があると考えられる。すなわち，新潟中学校の生徒として，真の学習者，真のリーダーとして獲得すべき資質・能力の育成の視点と，新潟中学校の教師として県や国を牽引していく真の学習者，真のリーダーであるプロの教師集団として獲得すべき資質・能力の育成の視点である。

　これらは二律背反するものではなく，表裏一体で育成していく必要がある。生徒に求められる資質・能力の育成を目指し，先生も生徒も，常に教科の本質に向き合い，飽くなき改善を続けるためのマインドを持ち続けて「対話」を通じて具体的な取組につなげていくことを教育哲学としている。それらを支える意識と決意が芽生え，新潟中学校が持ち続けているブレることのない精神，いわば魂が育まれていることに気付かされる。また，それを伝承していく組織体制の構築，維持，更新が，文化として成立していることも分かってこよう。ここでは，教育改革と新潟中学校の取組の価値について，筆者の立場で述べることとする。

2．社会が目指す力　それに基づく教育改革

　激しい社会の変化の中でこれからの子供たちに求められる資質・能力として，コンピテンシーがあげられ，断片化された知識や技能を知っていることにとどまらず，知っている知識を使うスキル，生きて働く力，人間性や社会性といったものまでを含んだ全体的な資質・能力として捉えている。

新学習指導要領に向けた中央教育審議会「答申」（文部科学省，2016）では，「社会に開かれた教育課程の実現」を目指し，子どもたちに求められる全体的な資質・能力として「生きて働く知識・技能の習得」「未知の状況にも対応できる思考力・判断力・表現力等の育成」「学びを人生や社会に生かそうとする学びに向かう力・人間性等の涵養」といった三つの柱を教育改革の柱に据えている。新学習指導要領の構造も育成すべき資質・能力の獲得に向けて，学習過程を重視し，評価と一体となった教育改革を目指しており，「構造の抜本的な改革」，「戦後最大の教育改革」との論評もある。

資質・能力の三つの柱の育成を実効性のあるものにしていくために，新学習指導要領等に向けては，図1に示された枠組みの実現が求められよう。

図1　学習指導要領の方向性

3．大きな教育改革に迫られている背景と求められる共通した力

なぜ，ここまで大きな教育改革に迫られているのか。これからの動向を見据えると必然として共通した力の育成が求められる状況が見えてくる。詳細は別の機会に譲るとするが，世の中の動きは想定をはるかに超えている感は否めない。この大きな変革は，第四次産業革命とされ，これはデジタル革命に基づいており，主に技術の発展によって特徴づけられた過去三度の「産業革命」とは根本的に異なるとされている。

一方，現在，我が国は政府が主導してSociety5.0という取組が進行している（内閣府，2018）。文部科学省も『Society 5.0に向けた人材育成に係る大臣懇談会』（2018）を立ち上げ，様々な分野の専門家にとともに，共通して求められる力は何なのか，社会を牽引していくためにどのような人材が必要か等について，社会像を具体的に描きながら議論が進められた。文科省内部でもタスクホースが立ち上がり，新たな時代において豊かに生き，活躍する人材を育てるために，学校はどうあるべきか，教育はどうあるべきかなど議論がなされてきた。同報告書では，「科学技術が急速に進歩し，AI等と共存していく社会の中で「人間の強み」を発揮し，AI等を使いこなしていくためには「文章や情報を正確に読み解き対話する力」や「科学的に思考・吟味し活用する力」，「価値を見つけ生み出す感性と力，好奇心・探求力」が共通して求められるとし，「対話」の重要性が位置付けられている。教育改革は呼応するように求められ，全ての学びの段階において，「基盤的な学力を確実に定着させながら，他者と協働しつつ自ら考え抜く自立した学びが不十分」であるとして改善の必要性が求められている。

新潟中学校の取組は，まさに国が求める育成に向けた方策と軌を一にし，それを具体的に遂行している具体例であると見て取れる。

4．新潟中学校の研究と価値

先に示した通り，新潟中学校の重厚な教育理念，新潟中学の生徒として，また，教師として，真の学習者，真のリーダーとして獲得すべき資質・能力，育成する具体的な取組について触れる。真の学習者，リーダーを育成することは新潟中学校の使命であると考える。この使命を成就するために意識している教育理念を四点挙げるとするならば「①本物に出会わせる学習経験に向けた工夫」「②生徒に判断させる取組の工夫」また，それらを根底で支えている「③思考の「すべ」と，それを使いこなす「対話」重視の姿勢」，さらには，「④振り返りを支える相互評価活動」であろう。

①本物に出会わせる学習経験に向けた工夫

新潟中学校の各教科を担う先生方は，日々の授

業において教科の本質を見据えるとともに、常に本物に出会わせる学習経験に向けた努力を惜しまない。例えば、永井教諭が行った技術家庭科の実践「生活に役立つ製品の設計・製作」では、材木を使いながら日々使える書棚を製作する取組を行っていたが、生徒の感性を重視しながら、個性豊かな材木の特徴とそれを生かす製作方法、さらなる個性を発揮する塗装の在り方について授業を展開していた。そのために全国の特徴的な材木と漆など塗装を総覧し、「本質」、「本物」に向き合い、生徒が「良さ」をとことん追究できるようにするための見えない支援を工夫されていた。

　②生徒に判断させる取組の工夫

　今から140年も前に記された、福澤諭吉の「学問のすすめ」では、学問と判断力と関係について、「学問というのは、判断力を確立するためにあるのではないか」（齋藤、2009）の現代語訳）と判断力の重要性を示している。

　新潟中学校の授業での取組では、生徒に判断力を育成する場面を意図的に設定する工夫をしていることも一つの特徴である。例えば、熊谷教諭が行った道徳の実践「命に向き合う」では、新学習指導要領の事項を意識しながら、仲間と対話を通じて交流する活動を重視し、それを通して、「命を大切にする」ことの自身の考えを新たにすることができることを目標としていた。独自の資料を作成し、生徒の学習過程に特に意を注ぎ、対話を重視しながら、一人一人の生徒の判断を促す学習がデザインされていた。「命の大切さの価値理解」において患者本人の立場、残された家族患者本人の立場から、教材や資料の情況を多面的・多角的に分析することで、生徒一人一人が家族の一員としてどのように行動するかの根拠について判断する場面が工夫されていた。また、倉嶋教諭が行った体育の実践「タグラグビー」では、観点に沿って生徒が自分たちでフォーメンションを考えて、動きを確認、試行し、分析することを往還することで動きを修正する場を導入していた。各オフェンス場面、ディフェンス場面の活動では、高次元の判断力が要求され、映像分析などにより、判断場面、実践場面の妥当性を検証し、修正を重ねていく工夫があった。

　③根底を支える思考の「すべ」とそれを使いこなす「対話」重視の取組

　角屋（2017）は、思考の「すべ」とそれを使いこなすことが、学習者の思考力、判断力、表現力の向上につながること、そのための授業づくりと評価方法について示している。新潟中学校では、これまでも生徒の資質・能力の育成に向けて「すべ」の効果等を研究のテーマとして取り組んできた。これらが根底になり、さらに「すべ」を使いこなす工夫が行われてきた。「対話」は、ただ話せばよいというものではなく、「すべ」を使いこなすことで、知を紡いでいき、資質・能力の向上につながり、研ぎ澄まされた学びの構築につながる。

　平田（2001）は、「会話」と「対話」の違いを明らかにしながら、以下のように整理している。「会話」＝わかりあう、察しあう文化、「対話」＝説明しあう文化、であるとしている。また、我が国の実情と今後の在り方として、対話の必要性について述べている。「すべ」を使いこなし、「対話」が進められることで、真の学習者、真のリーダー育成につながる。平成30年度の研究課題「豊かな対話を求め、確かな学びに向かう生徒を育む授業」という研究課題は意義深い。「豊かな対話を求め」は、「対話」であって、「会話」でも「議論」でもない。「対話」を重視することは、社会の変化が激しくとも、第四次産業革命が進展しようとも、普遍的に尊重すべき目標である。

　新潟中学校では、「対話」とは、生徒間の対話、教師と生徒との対話はもとより、教師間の対話、テキストとの対話を見据えていることに気付かされる。その中で、生徒に意図的、必然的に対話を必要する課題を与え、その解決のために、ときには、知的なまたは体力的な負荷をかけ、適正な判断に基づく妥当な最適解を求め続けるようなプロセスをデザインし実践している。このような教育の質の改善を図ることで、伝える技術を教えることから、伝えたいという気持ちを持たせる教育への転

換を図り，対話することの意義と価値を学びの中に埋め込むことで対話への意欲を向上させている。豊かな対話こそ，真の学習者，真のリーダー育成，授業改善に向けて欠くことのできない取組なのである。

④まとめる力，振り返りを支える相互評価活動

松下（2015）は，資質・能力を育成する深い学びの実現のための学習評価の在り方を示している。L.M.Earl（2003）の研究を基に，三つの評価「学習の評価」「学習のための評価」，「学習としての評価」という整理を示している。さらに「学習としての評価」という考え方の拡張として，学習の自己調整だけではなく，学習経験として意味があると指摘している。また，研究のこれからのさらなる発展の必要性について論じている（新潟中学校が平成30年度研究会講演）。

安彦（1987）は，「自己評価」について，現代の教育実践と教育評価の中心に位置付けるべきものであると主張している。また，東（2001）は，「評価は子どもの自己形成を手助けする人と人との関わり合い」であると述べている。さらに，北尾（2006）は，優れた他者評価を介すことによって自己評価の信頼性が保証されることから，まず自己評価させ，その結果と他者評価の結果とを比較した後に，再度自己評価させるようなサイクルが望ましいと指摘している。

後藤（2017）は，高等学校の考察記述を基に「学習としての評価」の考え方に基づき，具体的なツールとして，相互評価表を用いた学習活動を提案し，自己評価と他者評価を融合することの教育的価値，効果について実証的に示している。

まとめる力を育成し，対話を深め，学びを深めるためには，確かな自己評価力の育成が必要であり，新潟中学校では，「学習としての評価」を実践して，確かな自己評価力の育成を，対話を通じた相互評価を経験することで行っている。

新潟中学校は，全ての教科で相互評価の考えに基づくまとめや，振り返りを実施している。また，総合的な学習の時間は，一定期間の自己の学びや教科等の学びを振り返り，それをまとめ，相互評価を通じて自己の伸びや改善点を確認する工夫を取り入れている。先生方も長期休業中を中心に相互評価を行うことで自身の授業改善につなげている。

5．おわりに

新潟中学校が培うゆるぎない「魂」，それを育てる「対話」の重要性，「対話」を研究テーマにしていく必要性について触れた。

いずれにしても，新潟中学校の取組は，未来を託す子どもたちを育てる未来づくりへの挑戦である。また，未来の教師をつくる飽くなき挑戦である。

研究の進展に向けて，高い志と理想を持ちながら，明日を支える我が国の子どもたちの将来のために，新潟中学校教育の伝統を守ることはもちろんのこと，新潟教育や我が国の教育の改善に向けて，先生方には誇りと自覚をもって研究を引き続き推進していただきたい。生徒も新潟中学校での「対話」を基にした多様な学びを通じて，真の学習者，真のリーダーとしての「礎」を築くことが可能になると考える。

新潟大学教育学部附属新潟中学校のさらなる研究の発展を期待する。

参考文献

安彦忠彦（1987），『自己評価』』，図書文化，p.75
東洋（2001）『子どもの能力と教育評価』（第2版），p.ⅱ，東京大学出版会
後藤顕一（2017）『「学習としての評価」である相互評価表を活用した取組に関する実践的研究－高等学校化学実験レポート考察記述の評価における表現力育成－』，兵庫教育大学連合大学院
平田オリザ（2001）『対話のレッスン』p.165-170
角屋重樹（2017），文溪堂，新学習指導要領における資質・能力と思考力・判断力・表現力
北尾倫彦（2006），『図でわかる教職スキルアップシリーズ3 学びを引き出す学習評価』，図書文化，pp.74-79
L.M.Earl, Assessment as Learning(2003),Using Classroom Assessment to Maximize Student Learning,C.A Corwin Press,p.26
松下佳代（2015），「学習としての評価－PBLにおけるパフォーマンス評価」，「国際ワークショップ・シンポジウム(1)」，「学習のための，学習としての評価 PBLとMOOCにおける学習評価の可能性」資料
文部科学省，中央教育審議会答申（2016）「幼稚園、小学校、中学校、高等学校及び特別支援学校の学習指導要領等の改善及び必要な方策等について（答申）」
http://www.mext.go.jp/b_menu/shingi/chukyo/chukyo0/toushin/1380731.html
内閣府：https://www8.cao.go.jp/cstp/society5_0/index.html
齋藤孝（2008）『現代語訳 福澤諭吉 学問のすすめ』p.190-203

巻頭言

今求められる授業づくりの方向性
教科の本質を追求する「教科する」授業へ

京都大学大学院　教育学研究科　准教授
石井　英真

1.「主体的・対話的で深い学び」をどうとらえるか

　新学習指導要領では，世界的に展開するコンピテンシー・ベースのカリキュラム改革を背景に，「資質・能力」の育成や「主体的・対話的で深い学び」としてのアクティブ・ラーニング（AL）が強調されている。しかし，資質・能力ベースやALの強調については，教科内容の学び深めにつながらない，態度主義や活動主義に陥ることが危惧されてきた。こうした状況に陥らないために，内容を伴った思考力の形成や教科の学びとしての中身のある話し合いになっているかどうかを問うものとして，「深い学び」の必要性が提起された。

　ALのような学習者主体の授業の重視は，伝達されるべき絶対的真理としての知識ではなく，主体間の対話を通して構成・共有されるものとしての知識という，知識観・学習観の転換が背景にあるのであって，対象世界との認知的学びと無関係な主体的・協働的な学びを強調するものではない。学習活動は何らかの形で対象世界・他者・自己の三つの軸での対話を含んでいる。ALの三つの視点も，学習活動の三軸構造に対応するもの（対象世界との深い学び，他者との対話的な学び，自己を見つめる主体的な学び）として捉えることができる。

　このように，自己や他者と向かい合うだけでなく，対象世界と向き合うことも忘れてはならないというメッセージが，「主体的・対話的で深い学び」という順序に表れている。ところが，よくよく考えてみると，グループで頭を突き合わせて対話しているような，主体的・協働的な学びが成立しているとき，子どもたちの視線の先にあるのは，教師でも他のクラスメートでもなく，学ぶ対象である教材ではないだろうか。ALをめぐっては，学習者中心か教師中心か，教師が教えるか教えることを控えて学習者に任せるかといった二項対立図式で議論されがちである。しかし，授業という営みは，教師と子ども，子どもと子どもの一般的なコミュニケーションではなく，教材を介した教師と子どもたちとのコミュニケーションである点に特徴がある。この授業におけるコミュニケーションの本質をふまえるなら，子どもたちがまなざしを共有しつつ教材と深く対話し，教科の世界に没入していく学び（その瞬間自ずと教師は子どもたちの視野や意識から消えたような状況になっている）が実現できているかを第一に吟味すべきだろう。教科学習としてのクオリティを追求することとALは対立的にとらえられがちであるが，教科本来の魅力の追求の先に結果としてアクティブになるのである。

2. 教科の本質を追求する授業とは

　教科学習としてのクオリティを追求するというと，この内容を押さえているか，このレベルまで到達させているかといった具合に，内容面からの議論に視野が限定されがちである。しかし，資質・能力ベースのカリキュラム改革においては，目の前の子どもたちが学校外での生活や未来社会をよりよく生きていくこととのつながりという観点から，既存の各教科の内容や活動のあり方を見直していくことが，いわば，「真正の学習（authentic learning）」（学校外や将来の生活で遭遇する本物の，あるいは本物のエッセンスを保持した活動）の保障が求められている。個別の知識・技能を習得している「知っている・できる」レベルの学力（例：穴埋め問題で「母集団」「標本平均」等の用語を答える）や，概念の意味を理解している「わかる」レベルの学力（例：「ある食品会社で製造したお菓子の品質」等の調査場面が示され，全数調査と標本調査のどちらが適当かを判断し，その理由を答える）のみならず，実生活・実社会の文脈において知識・技

能を総合的に活用できる「使える」レベルの学力（例：広島市の軽自動車台数を推定する調査計画を立てる）の育成が求められているのである。

学校教育の強みは「回り道」（知識を系統的に学ぶことなどにより，日常生活を送るだけでは生じない認識の飛躍を実現する）にあるが，生活（生きること）への「もどり」がないために，学校の中でしか通用しない学びになってしまってはいないか。学ぶ意義も感じられず，教科の本質的な楽しさにも触れられないまま，多くの子どもが，教科やその背後にある世界や文化への興味を失い，学校学習に背を向けていっている。社会科嫌いが社会嫌いを，国語嫌いがことば嫌い，本嫌いを生み出している。「真正の学習」の追求は，目の前の子どもたちの有意義な学びへの要求に応えるものである。

ただし，有意義な学びの重視は，教科における実用や応用の重視とイコールではない。教科の知識・技能が日常生活で活きることを実感することのみならず，知的な発見や創造の面白さにふれることも，知が生み出される現場の人間臭い活動のリアルを経験するものであるならば，それは学び手の視野や世界観（生き方の幅）を広げゆさぶり豊かにするような「真正の学習」となるだろう。よって，教科における「真正の学習」の追求は，「教科の内容を学ぶ（learn about a subject）」授業と対比されるところの，「教科する（do a subject）」授業（知識・技能が実生活で生かされている場面や，その領域の専門家が知を探究する過程を追体験し，「教科の本質」をともに「深め合う」授業）を創造することと理解すべきだろう。そして，「教科する」授業は，教科の本質的かつ一番おいしい部分を子どもたちに保障していくことをめざした，教科学習（学問・芸術・文化の営み）本来の魅力や可能性，特にこれまでの教科学習であまり光の当てられてこなかったそれ（教科内容の眼鏡としての意味，教科の本質的なプロセスの面白さ）の追求でもある。

教科学習の本来的意味は，それを学ぶことで身の回りの世界の見え方やそれに対する関わり方が変わることにある。「蒸発」という概念を学ぶことで，水たまりが次の日にはなくなっているという現象のメカニズムが見えてくるし，蒸発しやすくするため衣類を温めてから干すなどの工夫をするようになるといった具合である。それは，教科内容の眼鏡としての意味を顕在化することを意味する。

また，教科の魅力は内容だけではなく，むしろそれ以上にプロセスにもある。たとえば，歴史科の教師のほとんどは，子どもたちが，一つ一つの歴史的な出来事よりも，それらの関係や歴史の流れを理解することが大事だと考えているだろう。しかし，多くの授業において，子どもたちは，板書されたキーワードをノートに写しても，教師が重要かつ面白いと思って説明しているキーワード間のつながりに注意を向けているとは限らない。まして，自分たちで出来事と出来事の間のつながりやストーリーを仮説的に考えたり検証したり，自分たちなりの歴史認識を構築したりしていくような「歴史する（do history）」機会は保障されることがない。

教材研究の結果明らかになった知見でなく，教材研究のプロセスを子どもたちと共有することで，多くの授業で教師が奪ってしまっている各教科の一番本質的かつ魅力的なプロセスを，子どもたちにゆだねていく。たとえば，教師の間で物語文の解釈をめぐって議論が起きたなら，テキストの該当部分についてその論点を子どもたちとも議論してみる。教科書への掲載にあたって改作された作品について，原文との表現の違いを検討したなら，子どもたちにも比較検討をさせてみるといった具合である。教科のうまみを味わえるここ一番のタイミングでポイントを絞ってグループ学習などを導入していくことで，ALは，ただアクティブであることを超えて「教科する」授業となっていく。

3．「見方・考え方」をどう捉えるか

教科の本質の追求に関わり，新学習指導要領は，深い学びを構想するキーワードとして，「見方・考え方」という概念を提起している。「見方・考え方」とは，教科の個々の内容を忘れても学習者に残るものであって，教科の内容知識と教科横断的な汎用スキルとをつなぐ，各教科に固有の現実（問題）把握の枠組み（眼鏡となる原理：見方）と対象世界

（自然や社会やテキストなど）との対話の様式（学び方や問題解決の方法論：考え方）と捉えられる。そして，新学習指導要領において，「見方・考え方」は，質の高い学びの過程を生み出す手段でありかつその結果でもあるとされている。

「見方・考え方」は，学びのプロセスが本質を外していないかどうかを判断する手がかりと考えることができる。「見方・考え方」は，どの活動を子どもに委ねるかを判断するポイントとして，また，そのプロセスが自ずと生起する必然性のある課題を設計する留意点として捉えられ，その意味で質の高い学びの過程を生み出す手段なのである。

次に，「見方・考え方」が質の高い学びの過程の結果であるという点をふまえれば，知識や概念が「見方」として学ばれ，スキルや態度がその人のものの「考え方」や思考の習慣となるような，生き方にまで響く教科の学びが追求されねばならないという，真の意味での学びの深さへの問いが浮かび上がってくる。「見方・考え方」として示されたプロセスを盛り込んで学習活動を設計することで，「使える」レベルの思考を含む，認知的に高次で複合的な学びをデザインすることはできるだろう。しかし，認知的に「高次」であることは，「深い」学びであることや生き方に響く学びであることを意味するわけではない。

たとえば，地元の強みを生かした新しい町おこしのアイデアを考えるような総合的な課題にただ取り組むだけでは，他人事の問題解決になりがちである。そこでは，高次の複合的な思考過程は試されるかもしれないが，それが必ずしも子どもたちにとって真に自分事であり，世の中を見る目や生き方を肥やしていく学びになるとは限らない。自分たちの提示したアイデアに当事者目線のリアリティや説得力があるのかを吟味したりする中で，本音の部分で将来自分は地域とどのように関わるのかといった問いに直面し，現実の物事に対して無知や無関心であったことが自覚され，自らの立ち位置が問い直されていくといった具合に，足下の具体的な現実世界（生活）と抽象的な学問世界（科学）との間のダイナミックな往復の中で，思考の深化が切実な関心事の広がりや自らの生活世界へのゆさぶりにつながることで，「使える」レベルの学習は，高次さと深さを統一するような「真正の学習」になっていく。

「見方・考え方」が投げかける授業づくりの課題は，先述の教科本来の魅力（教科内容の眼鏡としての意味，教科の本質的なプロセスの面白さ）の追求と重なっていることに気付くだろう。たとえば，豊かな言語生活を実現するという観点から，テキストを目的として読むことから，テキストを手段として考え表現することを重視する国語教育へ，あるいは，その作品の定説とされる解釈に至らせることよりも，解釈を深めたり，作品を批評したりするプロセス（読みの方略や物事の認識方法）を重視する国語教育へといった具合に，それぞれの教科で自明とされている観や本質を問い直す議論を各教科において展開していくことが求められる。

教科等の「見方・考え方」への着目については，それを「比較・関連づけ・総合する」といった一般的な学び方のように捉えてしまうと，スキル訓練に陥りかねない。新学習指導要領で示された各教科等の「見方・考え方」については，それを正解（遵守すべき型）のように捉えるのではなく，一つの手がかりとして，それぞれの学校や教師がその教科を学ぶ意味について議論し考えていくことが，そして，学びのプロセスに本質を見出す目を教師が磨くことが重要なのである。

4．教材と深く対話するとはどういうことか

以上のように，資質・能力を育む主体的・対話的で深い学びとは，教科としての本質的な学びの追求に加えて，取ってつけたように，資質・能力や見方・考え方を実体化した汎用的スキルの指導や，込み入ったグループ学習やICTを使った学習支援ツールなどの手法を組み込んで，目新しい学びを演出することではない。子どもたちが教材と出会いその世界に没入し，彼ら個人や彼らを取り巻く生活を豊かにするような，それゆえに，問いと答えの間が長く，見方・考え方などに示された活動やプロセスが自ずと生起するような学びを，

また，教材と深く対話することで，それぞれの教科の本来的な魅力や本質（ホンモノ）を経験する学びを追求していくことが肝要なのである。

　教材との深い対話を実現する上で，そもそも子どもたちが教材と向かい合えているかを問うてみる必要がある。子どもたちが活発に話し合っているようにみえても，教師が教材研究で解釈した結果（教師の想定する考えや正解）を子どもに探らせることになってはいないだろうか。形の上で子どもたちに委ねているように見えて，教師が手綱をしっかりと握っているわけである（正答主義で結ばれた教師-子ども関係）。

　しかし，深い学びが成立するとき，子どもたちは常に教師ではなく対象世界の方を向いて対話しているはずである。国語の読解で言えば，子どもがまず自分でテキストを読み，ある解釈を持つ。そして，集団での練り上げで，他者の解釈を聞く。そうして学んだ解釈をふまえて，もう一度テキストに戻って読み直してみると，最初に読んだ時とは見え方が変わるだろう。しかも，テキストと直に対話することで，ただ他者から学んだ見方をなぞるだけでなく，多かれ少なかれ，その子なりの新しい発見や解釈が生まれうるのである。これが，子どもが対象世界と対話するということであり，学びが深まる（わかったつもりでいた物事が違って見えてくる）ということである。子どもたちが，個々人で，あるいは，仲間とともに，教材とまっすぐ向かい合えているかを常に問うこと，テキストの解釈に解釈を重ねたり，教師の想定する読みに収束させるべく議論を急いだりしていないかを問い，解釈の根拠となるテキストに絶えず立ち戻ることが重要である。

　教材に正対しそれに没入できているか，そして，見方・考え方に例示されているような，教科として本質的なプロセスを経験できるような教材への向かい方ができているかを吟味した上で，その経験の質や密度を高めるべく，新たな着想を得ることで視野が開けたり，異なる意見を統合して思考や活動がせりあがったりしていくための指導の手立て（枠組みの再構成やゆさぶり）が考えられる必要

がある。学びが深まる経験は，グループでの創発的なコミュニケーションの中で，さまざまな意見が縦横につながり，小さな発見や視点転換が多く生まれることでもたらされる場合もある。また，クラス全体でもう一段深めていくような対話を組織することを通じて，なぜなのか，本当にそれでいいのだろうかと，理由を問うたり前提を問い直したりして，一つの物事を掘り下げることでもたらされる場合もある。グループでの子ども同士の学び合いのあと，各グループからの話し合いの報告会や交流で終わるのではなく，子どもたちが気づいていない複数のグループの意見のつながりを示したり，子どもたちが見落としているポイントや論点を提示したりして，子どもたちをゆさぶる投げかけをすることを日々意識するとよいだろう。教師が子どもに教え込む（タテ関係）だけでも，子ども同士で学び合う（ヨコ関係）だけでもなく，教材をめぐって教師と子どもがともに真理を追求し，子どもたちが先行研究者としての教師に挑み，教師も一人の学び手として子どもたちと競る関係（ナナメの関係）を構築していくことが重要である。

　最後に改めて，学びの深さ以前に，教材自体の深さを吟味する必要性を指摘しておきたい。「深い学び」というとき，浅く貧弱な教材に対して，思考ツールや込み入ったグループ学習の手法を用いることで，無理やりプロセスを複雑にし考えさせる授業になっていないだろうか。読み手を試す読み応えのある連続型テキストと格闘させず，非連続型テキストからの情報選択・編集作業に終始していないだろうか。教材それ自体の文化的価値が高く，内容に深みがあればこそ，その真価をつかむためにはともに知恵を出し合わざるを得ず，協働的な学びや深い学びが要求されるのである。

参考文献
石井英真『現代アメリカにおける学力形成論の展開―スタンダードに基づくカリキュラムの設計』東信堂，2011年。
石井英真『今求められる学力と学びとは』日本標準，2015年。
石井英真『中教審「答申」を読み解く』日本標準，2017年。
石井英真編『授業改善8つのアクション』東洋館出版社，2018年。

第1章
「主体的・対話的で深い学び」をデザインする
「学びの再構成」

この章のポイント！

○ 「主体的・対話的で深い学び」，とりわけ「深い学び」を具現化するために，様々な方法を取り入れることは有効です。しかしながら，方法に走り過ぎて，「○○法」などを取り入れることが授業の目的になってしまうことでは，「深い学び」を具現化できません。

○ 教師が「資質・能力の3つの柱」を意識しながら，生徒に単元・題材で何の対象を深く理解させるのかという明確な見通しを持つことが不可欠です。そのために必要な「知識及び技能」は何なのか，それらを関連付けていくことで，どのような「思考力・判断力・表現力等」を活用・発揮させるのか，そして対象，他者，自己とのかかわりから，どのような「学びに向かう力・人間性等」を涵養させるのかを授業でデザインすることが必要です。

○ この章では，「主体的・対話的で深い学び」をデザインする「学びの再構成」の理論と実践を踏まえて説明します。これからの授業をデザインするための視点や考え方として参考にしてください。

新潟大学教育学部附属新潟中学校

研究主任　上村　慎吾

1. 学びの再構成とは？

私たち教育関係者（ここでは主に教諭の皆様を前提にしています）は，次のような経験がありませんか？

> ・初任校3年目あたりに，教科指導や担当する分掌における指導で，1年目や2年目の経験から得た知識を基に，明確な視点をもって指導に当たることができるようになった。初任1年目に比べて，明確な視点を基に，自分なりの指導のヴィジョンを他者（生徒，同輩，後輩など）に熱く語れるようになっている経験。
>
> ・研修会で著名な講師の講義を受け，あまりの衝撃から，自分の教科指導方法の知識のつながりがほどけ，抜本的に見つめ直す必要性を感じるようになった。これをきっかけに，今までの自分の指導方法で上手くいっていた点と，講師の指導方法で参考になる点を関連付けることを繰り返すうちに，教科指導方法の軸ができあがっていく経験。

次に実例を紹介します。次のアンケートは，私が担当している教員免許更新講習の講座「資質・能力を育成する授業～主体的・対話的で深い学び（アクティブ・ラーニングの視点）の理論と実践～」を受講した方の感想です。

> "アクティブ・ラーニング"という言葉の意味をいままで誤っていたことに気付きました。グループワークがメインになるように，必要以上のグループワークを用いたことがあったので，今後は改めたいと思いました。また，振り返りを自己満足で終えるのではなく，次につなげる大切な手段として，役立たせる工夫（授業やワークシート等）もしていきます。

記述内容から，講座での活動を通して，「アクティブ・ラーニング」に関するとらえが変わったことがわかります。具体的には，今まで構成してきた知識のつながりがほどけ，講義で体験的に新たに学んだことと関連付け，講義の主たる対象である「アクティブ・ラーニング」に関する知識が以前よりも増えたり，つながったりしている感覚を得ています。つまり，構造的になっています。知識が構造化されるとともに，授業改善に向けた意欲も湧いています。このように，今まで違った知識，視点，背景，感覚などから対象に向き合うとき，私たちの学びは促されます。

長々と書きましたが，簡潔にまとめると，学習者が向き合っている対象（例：先生方ならば教科指導，学級経営，アクティブ・ラーニングなど）に関する知識及び技能を，事象・現象などを通してとらえ直し，自分なりに関連付け，「○○とは△△というものだ」と概念として創り上げていく過程こそが「学びの再構成」そのものなのです。

私たちは「学びの再構成」を次のように定義しています。

> 【学びの再構成】
> 学習者が知識及び技能を，様々な事象・現象などを通してとらえ直し，相互に関連付け，構造化していくこと

2. 教師として今担当している教科を教えようと思ったきっかけは？～教科内容を学ぶ中で，「わかったつもりでいた物事が違ったように見えてくる」という経験がありませんでしたか？～

「学びの再構成」は，知識及び技能を相互に関連付け，構造化していくことがポイントであることを述べましたが，教科内容との関係から考えてみましょう。

突然ですが，先生方が専門教科を選んだ理由や複数ある教科の中でこだわりをもって教えている教科を選んだ理由は何でしょうか。教師になるときに，専門として教えていく教科を選択する場面があったはずです。または選択した後から，その教科に魅了されていく経験があったのではないでしょうか。

私の担当教科は英語です。お恥ずかしい話ですが，専門として選んだ最初の理由は，「英語を話せることはかっこいい」「生徒に英語を通してグローバルな視点をもってほしい」などでした。しかしながら，大学で専門的に学んだり，独学でネイティブの方から英語を学んだりする過程で，英語の本当

のおもしろさに気付いていきました。一つの経験を紹介します。

　当時，私は部活で「基礎スキー」部に所属していましたので，英語で自分のスキーの経歴や体験などを説明する機会が多くありました。幼少期，小学生，中学生など，当時の様子を細かく説明する必要があります。ネイティブの方に説明する際に，一番難しかったことが「時制」の表現です。日本語の場合，時制が曖昧であっても，文脈などで案外相手に伝わるものです。しかしながら，英語は明確な時制の使い分けがあります。現在進行形[～ing]，過去形[～ed]，現在完了形[have～ed]，現在完了進行形[have been ～ing]，過去完了形[had～ed]，過去完了進行形[had been～ing]などを使い分けなければ，経歴をうまく伝えることができませんでした。「時制」という表現を通して，ネイティブの方に，自分の経歴やスキーに打ち込んでいたその時々の想いなどを伝えることができた経験は，コミュニケーションを図ることができた喜びを心から感じるものでした。「時制」という一つの概念を基に，日本語と英語の言語文化の違いなどを学ぶ意義も自分なりに見いだすことができました。

　このように，今までわかっていたつもりの物事のとらえが違ったように見えてくる感覚（学びの再構成が促される感覚）には，教科内容が深く関係しているということです。

　「学びの再構成」が促されることによって，私たちは身のまわりの世界の見え方やかかわり方が変わってきます。生徒の立場からは，直接的に見えにくいものですが，教科の学習内容を深く学ぶ経験は，生徒の物事の考え方，生活の仕方，日常生活と教科の学習内容のつながりの実感など，生徒の見方や行動にじわじわと影響を与えていくことになります。例えば，生徒が理科で力の働きを学習した後に，力が働く日常生活の事象に出会ったときに，力の関係を矢印や数字など視覚的に考えるようになることです。石井（2017）は，教科の学習内容が，身のまわりの世界の見え方やかかわり方に影響を与える過程には，知識構築学習が必要であることを強調しています。教師が，ある程度もっている答えを発見させる知識発見学習ではなく，知識や最適解を自分たちで構築していくプロセスです。生徒が対象世界に向き合い，他者と対話しながら，その生徒なりに新しい発見や解釈を生み出し，対象に対する新たな見方を構築していく中で，わかっていたつもりの物事が違って見えてくるということです。このプロセスでは，対象世界，他者，そして自己との対話を通して，生徒がもともと持っている知識及び技能を，関連付け，構造化する学びが促されていると考えます。

　溝上（2018）は，「深い学習の基本は，ある知識をさまざまな既有知識や経験，考えとの関係の中に関連づけ構造化することである。この関連づけ・構造化は，知識（事象）同士を繋いで説明するという作業，すなわち外化の作業によって促されるものである。」と，事物と事物を関連付ける「繋がり」「関連付け」を強調しています。

　私たちは，授業をデザインする上で，生徒が対象世界，他者，自己との対話を通して，知識及び技能を関連付け，構造化し，まさに学びを再構成することで，教科の学習内容が生徒の身のまわりの世界の見え方やかかわり方の変容することを大切にしています。これによって，生徒は教科等の意味を見いだし，次なる学びに向かっていくのです。

3．資質・能力の育成を図る「主体的・対話的で深い学び」と「学びの再構成」の関連は？

　新学習指導要領では，生徒が主体的に学ぶことと自分の将来とを結び付けたり，多様な人との対話を通して，考えを広げ深めたり，身に付けた資質・能力が様々な課題の対応に生かせることを実感したりする「主体的・対話的で深い学び」が求められています。

　「学びの再構成」が，今回の新学習指導要領で強調されている「主体的・対話的で深い学び」にどのように関連しているのでしょうか。また，「学びの再構成」を授業の手だてとして組み込み，「知識及び技能」「思考力・判断力・表現力等」「学びに向かう力・人間性等」の資質・能力を育成することが可能でしょうか。

まずは「学びの再構成」と「主体的・対話的で深い学び」の関連について確認しましょう。「答申」の文章を引用します。

> 「主体的・対話的で深い学び」の実現とは、以下の視点に立った授業改善を行うことで、学校教育における質の高い学びを実現し、学習内容を深く理解し、資質・能力を身に付け、生涯にわたって能動的（アクティブ）に学び続けるようにすることである。
> ① 学ぶことに興味や関心を持ち、自己のキャリア形成の方向性と関連付けながら、見通しを持って粘り強く取り組み、自己の学習活動を振り返って次につなげる「主体的な学び」が実現できているか。
>   子供自身が興味を持って積極的に取り組むとともに、学習活動を自ら振り返り意味付けたり、身に付いた資質・能力を自覚したり、共有したりすることが重要である。
> ② 子供同士の協働、教職員や地域の人との対話、先哲の考え方を手掛かりに考えること等を通じ、自己の考えを広げ深める「対話的な学び」が実現できているか。
>   身に付けた知識や技能を定着させるとともに、物事の多面的で深い理解に至るためには、多様な表現を通じて、教職員と子供や、子供同士が対話し、それによって思考を広げ深めていくことが求められる。
> ③ 習得・活用・探究という学びの過程の中で、各教科等の特質に応じた「見方・考え方」を働かせながら、知識を相互に関連付けてより深く理解したり、情報を精査して考えを形成したり、問題を見いだして解決策を考えたり、思いや考えを基に創造したりすることに向かう「深い学び」が実現できているか。
>   子供たちが、各教科等の学びの過程の中で、身に付けた資質・能力の三つの柱を活用・発揮しながら物事をとらえ思考することを通じて、資質・能力がさらに伸ばされたり、新たな資質・能力が育まれたりしていくことが重要である。教員はこの中で、教える場面と、子供たちに思考・判断・表現させる場面を効果的に設計し関連させながら指導していくことが求められる。
> 中央教育審議会答申「幼稚園、小学校、中学校、高等学校及び特別支援学校の学習指導要領等の改善及び必要な方策等について」(2016)

「主体的な学び」については、「見通し」「振り返り」という言葉が強調されているように、生徒が単元・題材で中心となる対象に関する知識及び技能を、自分が学びたいものとして感じたり、学んだ知識及び技能を自分にとってどのような意味があったのか振り返ったりすることが考えられます。「見通し」ならば、生徒が対象に関する新たな知識及び技能と、既に自分がもっている知識及び技能との関連性、ずれなどを感じ、さらに追求（追究）してみたい目的意識を抱くことです。「振り返り」ならば、単元・題材の1時間やある程度のまとまりの中で、対象に関する新たな知識及び技能をこれまでのものと関連付け自分の経験を基に整理したり、専門的な視点から関連付けて新たに定義付けたりなど、1段上のレベルから振り返ることができるようになっていることです。

「対話的学び」については、「自分の考えを広げ深める」という言葉が強調されているように、生徒が単元・題材で中心となる対象に関する知識及び技能を生徒同士、教師や地域の方々、先哲の考えとの対話を通して、とらえ直すことが考えられます。他者の考えと自分の考えにずれが生じた際に、納得できない考えを納得できるまで確かめたり、疑問をぶつけたりしながら、考えに至った過程を共有することで、知識及び技能のとらえ直しが活発になります。同時に、他者を介して自分の考えを客観的にとらえ直すことで、知識及び技能を批判的に考えたり、他者と新たな考えを協働的に考えたり、新たな考えを創造的に考えたりなど思考の広がり深まりが出てくるのです。

「深い学び」については、「習得・活用・探究という学びの過程」「知識を相互に関連付ける」という言葉が強調されているように、生徒が単元・題材

で中心となる対象に関する知識及び技能を,様々な事象・現象などを通してとらえ直し,相互に関連付け,構造化していくことと考えられます。「習得・活用・探究という学びの過程」を教科等の学びで考え直すならば,連続した学びのプロセスを踏みながら,中心となる対象に関する知識及び技能の関連付けが強くなっていくかがポイントになります。単元・題材のまとまりを見通し,例えば,「課題を設定する時間」「課題解決の見通しをもつ時間」「課題解決を図る時間」ごとに,中心となる対象に関する知識及び技能の関連付けを強くなるように,教師が授業をデザインします。関連付けが強くなるということは,生徒が論理的に考えたり,多面的・多角的に判断したり,既有経験と関連付けて表現したりなど「思考力・判断力・表現力等」を活用・発揮し,知識の概念化や技能の習熟化が促されることです。さらに,中心となる対象に関して「知識をもっと深く学んでみたい」「他者と協働して新しい考えを創り出すことができた」など「学びに向かう力・人間性等」の涵養が図られます。

このように,「学びの再構成」を基に,「深い学び」をイメージすることで,私たちは資質・能力の3つの柱である「知識及び技能」「思考力・判断力・表現力等」「学びに向かう力・人間性等」を生徒に活用・発揮させることを意識しながら,働き掛けを考えることができるようになります。図式化すると以下のようになります。

そこには,生徒が対象を深く追求(追究)してみたいという目的意識を見いだしたり,対象に関する新たな知識及び技能とこれまでのものを関連付けて振り返ったりして次につなげる「主体的な学び」があります。さらに様々な他者との対話を通して,対象に関する新たな知識及び技能を,他者の既有の知識及び技能と関連付け,客観的にとらえ直す「対話的な学び」があります。「主体的な学び」「対話的な学び」で大切になる視点が,「深い学び」に必要不可欠な視点になります。「主体的・対話的で深い学び」で,とりわけ大切な「深い学び」につながるように,私たちは「学びの再構成」を基に「深い学び」をイメージするようにしています。

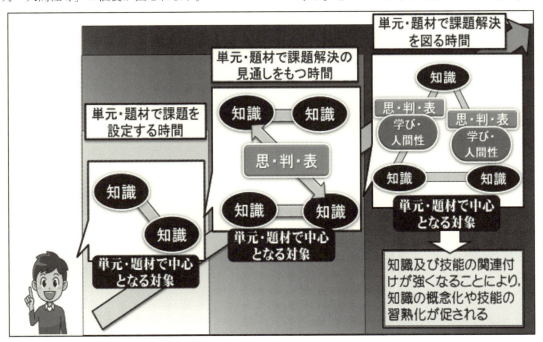

【「学びの再構成」を基にした「深い学び」のイメージ】
※紙面の都合上,資質・能力の3つの柱である「知識及び技能」は知識,「思考力・判断力・表現力等」は思・判・表,「学びに向かう力・人間性等」は学び・人間性と表記している。

以上のように、「主体的・対話的で深い学び」と「学びの再構成」の関連について説明してきました。「学びの再構成」を基に、生徒が知識及び技能を相互に関連付け、構造化していく「深い学び」を授業で具体化することが必要です。「深い学び」を考える上で、松下（2015）は、学びの深さの系譜として、次の3つの点を提唱しています。

①深い学習（deep learning）：単に教えられたことを暗記しはき出すだけでなく、推論や論証を行いながら意味を追求しているか
②深い理解（deep understanding）：事実的知識や個別のスキルだけでなく、その背後にある概念や原理を理解しているか
③深い関与（deep engagement）：いま学んでいる対象世界や学習活動に深く入り込んでいるか

「学びの再構成」を基にした「深い学び」のイメージの中に、この3つの点が関連していると考えます。①の点については、生徒が単元・題材で中心となる対象を自分自身で追求（追究）できるようにするために、事前に生徒が対象に関する知識及び技能をどのように関連付けながら学びのプロセスを踏むのかを、教師がデザインしなければなりません。②の点については、単元・題材のまとまりある学習を通して、対象に関する知識及び技能を関連付け、構造化し、生徒にどのような概念を形成させるのかという教師の教材観や指導観が問われます。生徒に一番学ばせたい学習内容、教科の醍醐味を感じることができる活動などを、教師がデザインしなければなりません。最後に③の点については、授業における生徒の姿そのものです。目を輝かせながら対象を追求（追究）し、知識をより深めることで「知識及び技能」が高まり、他者と真剣に対象に関して議論することで「思考力・判断力・表現力等」が高まり、単元・題材前後で対象に対する見え方やかかわり方の変容を自覚することで「学びに向かう力・人間性等」が涵養されます。「深い学び」に向かえば向かうほど、生徒の資質・能力の表れは顕著になるのです。この「深い学び」に向かうプロセスを、教師がデザインしなければなりません。

4．資質・能力の育成を図る「主体的・対話的で深い学び」をデザインするために「学びの再構成」を手だてとしてどのように組み立てるか？

では、「学びの再構成」を基にした「深い学び」のイメージを具体的に授業でどのようにデザインすればいいのでしょうか。授業者が「主体的・対話的で深い学び」、とりわけ「深い学び」における生徒の具体的な姿を、授業の見通しとして持たなければ、生徒の資質・能力の育成につなげることはできません。

田村（2018）は、「深い学び」を、「子供たちが習得・活用・探究を視野に入れた各教科等の固有の学習過程（プロセス）の中で、それまでに身に付けていた知識や技能を存分に活用・発揮し、その結果、知識や技能が相互に関連付けられたり組み合わせたりして、構造化したり身体化していくことと考えることができる。」ととらえ、知識・技能の構造化の過程を4つのタイプから提唱しています。「宣言的な知識がつながるタイプ」「手続き的な知識がつながるタイプ」「知識が場面とつながるタイプ」「知識が目的や価値、手応えとつながるタイプ」に分け、「深い学び」を知識中心にとらえ直した理論は、これからの授業を具体的にイメージする上で示唆に富みます。

当校では、「学びの再構成」を基にした「深い学び」のイメージを、具体的な手だてとして、授業に組み込むために、「学びの再構成を促す工夫」に重点を置いて研究を推進しています。「学びの再構成を促す工夫」を、手だてとして講じることで、生徒が対象に関する知識及び技能を、様々な事象・現象等を通してとらえ直すことで、「思考力・判断力・表現力等」「学びに向かう力・人間性等」を相互に発揮し、課題解決を図れるようにします。そして、生徒は「1つ1つの知識がつながったぞ」「違う視点で考えると全く違う理解ができたぞ」など単元最初と最後の身のまわりの世界の見え方やかかわり方が変容し、教科等を学ぶ意味を見いだします。「学びの再構成を促す工夫」を講じる授業のイメージは次のようになります。

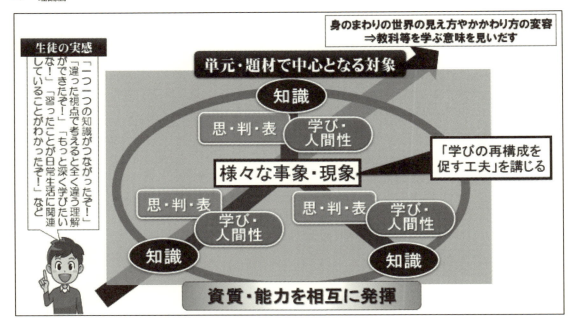

【「学びの再構成を促す工夫」を講じる授業のイメージ】
※紙面の都合上，資質・能力の3つの柱である「知識及び技能」は知識，「思考力・判断力・表現力等」は思・判・表，「学びに向かう力・人間性等」は学び・人間性と表記している。

　私たちは課題解決過程において，知識及び技能が，どのような事象・現象などを通してとらえ直され，生徒1人1人の中で構造化されていくのかという過程を授業でデザインし，明確化することを研究しています。

　「学びの再構成を促す工夫」は，生徒の連続した学びのプロセスに合わせ，「学びの再構成を講じる前」「学びの再構成を講じた時」「学びの再構成を講じた後」の3つに分けて構想します。

　「学びの再構成を促す工夫を講じる前」では，再構成に必要な対象に関する知識及び技能を焦点化し，授業で構成できるようにします。生徒がどのような知識と知識を関連付けて，概念として形成していくのかを見通しをもってデザインすることが大切です。

　「学びの再構成を促す工夫を講じた時」では，具体的な働き掛けをします。ポイントになるものが，新たな対象の提示です。新たな対象は，単元・題材での中心となる対象を新たに設定するものではありません。生徒の対象に向き合う意識に基づいて，新たな対象を次のように定義付けています。

【新たな対象】
　教師の働き掛けによって，生徒が対象を別の視点からとらえ直し，新たな問いをもって追求（追究）し，知識及び技能の関連付けをより促すもの

　教師が新たな対象を提示することによって，事前に構成した知識及び技能のつながりをほどいたり，新たな視点を基につなげたりすることによって，学びの再構成を促します。新たな対象を具体的に手だてとして構想する上で，次のような視点が考えられます。

【新たな対象の視点】
○　課題解決過程，または課題解決後に実生活につながる末広がりの文脈につながるもの
○　理解を深めてきた知識及び技能を総合的に活用せざるを得ないもの
○　理解を深めてきた知識及び技能がうまく適用できなかったり，改善のために他の助言・協働等を求めざるを得なかったりするもの
○　課題解決過程で見いだした概念を中心に，

他の知識及び技能を新たな条件や場面に適用できたり，身に付けた知識及び技能が1つの概念として形成して新たな条件や場面に適用できたりするきっかけを与えるもの
○ 課題解決過程で熟達してきた知識及び技能が，他の条件や場面でも自動的にできている自分に気付くきっかけを与えるもの

「学びの再構成を促す工夫を講じた後」では，生徒が，教師の働き掛けによって，知識及び技能を相互に関連付け，構造化した結果，何を再構成したのかを明確にします。単元・題材での中心となる対象を深く理解することによって，生徒は「深い学び」への向かうのです。

5．「学びの再構成」の2つの過程

これまでの研究から，「学びの再構成」について，次の2つの過程が明らかになりました。それぞれの過程で，「学びの再構成を講じる前」「学びの再構成を講じた時」「学びの再構成を講じた後」の流れに沿って図式化してあります。

○ **過程Ⅰ**
　知識及び技能の新たなつながりが生じ，関連付いていく過程
○ **過程Ⅱ**
　知識及び技能のつながりがほどけ，新たに関連付いていく過程

過程Ⅰでは，新たな対象を提示したときに，生徒は複合的に知識及び技能を新たな対象につなげてとらえ直します。そして，知識及び技能の新たなつながりが生じ，関連付いていきます。過程Ⅱでは，新たな対象を提示したときに，つながっていたと考えていた知識及び技能のつながりがほどけます。そして，新たな対象を中心に，今までと違うつながりが生じ，関連付いていきます。

生徒は知識及び技能が関連付いていく中で，「思考力・判断力・表現力等」「学びに向かう力・人間性等」など教科等の資質・能力を相互に発揮し，学びを再構成するのです。

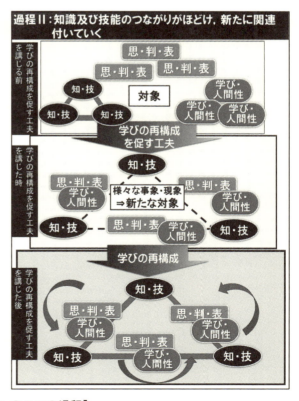

【「学びの再構成」の2つの過程】

6.「学びの再構成を促す工夫」を講じた授業の展開例

ここからは、「学びの再構成を促す工夫」を講じた授業の展開例として、社会科と総合的な学習の時間の実践を紹介します。

(1) 知識及び技能の新たなつながりが生じ、関連付いていく過程

社会科

1 単元名
○ 江戸時代の産業や交通の発達～新潟町の発展～（2年）

2 目標
○ 江戸時代に新潟町が発展した要因を明らかにする活動を通して、新田開発による農業の発達や河川交通の発展、西廻り航路の整備にしたがって、全国的な産業や交通の発達を説明することができる。
※ 新潟町の発展…本単元では現在の新潟島の位置を新潟町とし、新潟町に住む人口が増加したことと定義する。

3 単元の概略
○ 新潟町が発展した要因を様々な資料を使って追究することを通して、江戸時代の産業や交通の発達を広い視野からとらえ直すことで、流通の視点を見いだす単元にしました。具体的には舟運を中心とした江戸時代の流通の発達、流通の発達による産業の発達、これらにしたがって都市が発展していく様子を理解することをねらいました。

4 単元における「学びの再構成を促す工夫」の具体的な手だて

＜手だて＞
新潟町の発展と江戸時代の産業や交通の発達の関連付けを促す指示をする。

ジグソー学習での各観点（港の発展、農業の発展、交通の拠点、位置・地形の特性）の追究を基に、グループで新潟町が発展した要因を模造紙に関係図でまとめる活動を組織しました。その際、江戸幕府、大坂、越後、新潟町、新潟湊のキーワードを提示し、生徒が追究した各観点のキーワードを関連付けさせていきました。

5 単元における学びの再構成の指導過程

単元における「学びの再構成」を次のように定義しました。

課題解決的な学習において習得した新田開発、河川交通、西廻り航路を関連付け、流通を視点に新潟町の発展を説明すること

単元における「学びの再構成を促す工夫」の指導過程を、手だてを講じる前、講じた時、講じた後というという3つの段階に分け、次のように構想しました。

生徒は、江戸時代の産業や交通の発達した背景として、新田開発、西廻り航路の発達、河川交通の整備について学んでいます。そして、地域的事象である新潟町が発展した要因を明らかにするために、ジグソー学習を基に、各自が新田開発、西廻り航路、河川交通のいずれかから専門的に追究するように促しました。ここで各観点（港の発展、農業の発展、交通の拠点、位置・地形の特性）の追究で明らかになったことを仲間に説明する活動を組織し、自分とは異なる観点から追究した他者の考えに触れ、複数の観点から多面的に新潟町が発展した要因を考えました。

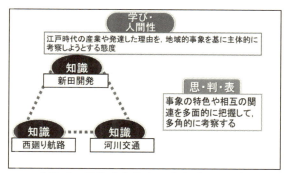

【学びの再構成を促す工夫を講じる前】

しかしながら、生徒は新田開発、西廻り航路、河川交通の整備、それぞれの知識の関連性に気付けていませんでした。新田開発、西廻り航路、河川交通の相互の関係性に着目するためには、江戸幕府、新潟町、越後など複数の立場から考察する必要があります。

そこで、新たな対象として、「複数の立場から事象をとらえ直させる問い」を講じ、各観点（新田開発、西廻り航路、河川交通）を基にグループで江戸幕府の立場、新潟町の立場、越後の立場から関係図でまとめる活動を組織しました。

【授業者が関係図を提示する様子】

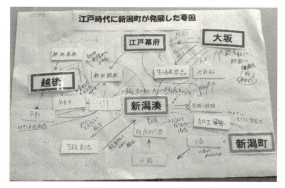

【生徒がまとめた関係図】

これにより、生徒は江戸幕府、新潟町、越後の立場から、新潟町が発展した理由を説明し合う中で、流通を視点に新田開発、西廻り航路、新田開発の関連性に気付き始め、学びの再構成が促されました。

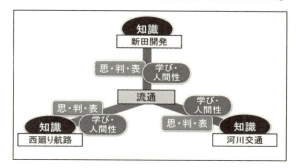

【学びの再構成を促す工夫を講じた時】

さらに各グループでまとめた関係図を基に、「越後から見た新潟町は、どういう場所と言えますか？」と問うことで、江戸時代に新潟町が発展した理由を、流通を視点に新田開発、西廻り航路、河川交通を関連付けて説明することができるようにしました。

結果として、地域的事象である新潟町の発展した理由を基に、江戸時代の産業や交通の発達を再構成しました。生徒は、地域的事象を基に、具体性や実感を伴いながら江戸時代の全国的な産業や交通の発達を理解することができたのです。

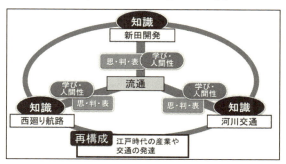

【学びの再構成を促す工夫を講じた後】

上記の過程を通して、江戸時代の産業や交通の発達に関する知識を、流通を視点に関連付けながら、「知識及び技能」「思考力・判断力・表現力等」「学びに向かう力・人間性等」の資質・能力を相互に活用・発揮することができたのです。

(2) 知識及び技能のつながりがほどけ，新たに関連付いていく過程

　総合的な学習の時間

1　単元名
○　新潟開港 150 周年記念事業をプロデュース（3 年）

2　目標
○　新潟開港 150 周年記念事業のイベントの提案プランを計画し，発信する活動を通して，自分たちが思い描くみなとまち新潟と，事業に携わる方々が大切にしたいみなとまち新潟との共通点を基に，みなとまち新潟に大切な要素を見いだすことができる。

3　単元の概略
○　本単元では，探究課題として地域や学校の特色に応じた課題（新潟開港 150 周年記念事業）を基に，新潟開港 150 周年記念事業のイベントの提案プランをミズベリングやすらぎ堤研究会と協働して創造することに取り組みました。これからの新潟市の未来を担う生徒に，研究会と連携して，開港 150 周年事業に関連したイベントを中学生の視点から提案するように単元を構成しました。

4　単元における「学びの再構成を促す工夫」の具体的な手だて

＜手だて＞
　新潟開港 140 周年記念事業や他市の開港記念事業の困難点，開港 150 周年記念事業に携わる方からの助言を提示する。

　SNS を介して提案プランの紹介内容を考えた後に，授業者から新潟開港 140 周年記念事業や他市の開港記念事業の困難点，そして研究会代表の鈴木寿行さん（以下，鈴木さんと表記）からの助言を提示しました。具体的には，開港 140 周年記念では，多くの参加者が開港イベントを知らなかったことなどの開港記念の困難点，さらにはイベントが記念事業だけにおける単発の活動になっている実態，事業数の減少，事業に携わる方々の思いが参加者と共有できない事実を提示しました。

5　単元における学びの再構成の指導過程
　単元における「学びの再構成」を次のように定義しました。

　みなとまち新潟の魅力をイベントとして発信するために，伝えたいイベントのコンセプトと，町づくりや地域活性化に取り組んでいる人々の思いと関連付けて，みなとまち新潟を発信するために大切な要素を見いだすこと

　単元における「学びの再構成を促す工夫」の指導過程を，手だてを講じる前，講じた時，講じた後に分け，次のように構想しました。
　生徒はみなとまち新潟の魅力についての知識を深めます。そして，自分たちが伝えたい魅力（例：信濃川の美しさ）をイベントのコンセプト（水辺の美しさと人々のやすらぎ）として活かし，イベントを考案します。イベントを発信するために，町づくりや地域活性化に取り組んでいる開港 150 周年記念推進課の方やミズベリングやすらぎ堤研究会の鈴木さんの思いとイベントのコンセプトとを関連付けて思考し，みなとまち新潟の魅力を伝えるために大切な要素を見いだしていきます。

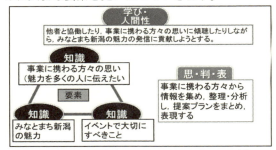

【学びの再構成を促す工夫を講じる前】

しかしながら，生徒が事業に携わる方々の思いを漠然ととらえ，イベントを考案するだけでは，町づくりに関する概念は形成されません。鈴木さんのように「開港150周年記念事業を今だけではなく，未来の世代につなげるものにしたい」など，事業に携わる方々の町づくりに対する思いを自分事としてとらえるようになることが必要であります。

そこで，新たな対象として，事業に携わる方々の切実な思いを提示しました。具体として，開港140周年記念事業や他市の開港記念事業の困難点，やすらぎ堤研究会代表の鈴木さんの助言を提示しました。

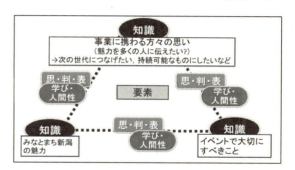
【学びの再構成を促す工夫を講じた時】

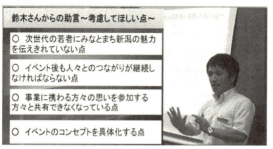
【授業者が事業に携わる方の助言を提示する様子】

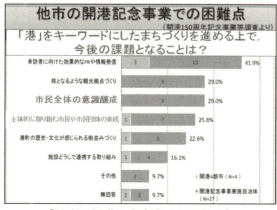
【他市の開港記念事業での困難点】

これにより，生徒は，開港記念を通して，新潟市の人々がみなとまち新潟の魅力を再認識できていなかったり，次世代に継承することができていなかったりする事実に直面しました。つながっていたと考えていた知識及び技能のつながりがほどけ，鈴木さんの本当の思いをとらえ，知識及び技能の今までと違うつながりが生じ，関連付いていくことを目指しました。

【紹介文を修正する生徒の様子】

【生徒が修正した紹介文】

そして，伝えたいイベントの紹介文の内容を再考し，これまで作成してきたイベントの提案プランのコンセプトと事業に携わる方々が大切にしてきた思いを関連付け，内容を再考しました。これにより，知識及び技能が関連付き，構造化されることで，生徒は町づくりに関する概念を形成するという資質・能力を活用・発揮しました。結果として，単元最初と最後において，みなとまち新潟を発信

するために大切な要素を再構成し,みなとまち新潟の町づくりに関する概念を形成することにつながりました。

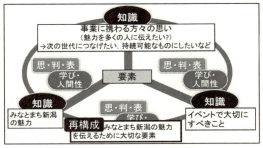

【学びの再構成を促す工夫を講じた後】

　上記の過程を通して,みなとまち新潟の魅力を伝えるために大切な要素を視点に,新潟の町づくりに関する概念を形成しながら,「知識及び技能」「思考力・判断力・表現力等」「学びに向かう力・人間性等」の資質・能力を相互に活用・発揮することができたのです。

7.「主体的・対話的で深い学び」をデザインする「学びの再構成」についてのまとめ

　以上,「学びの再構成」の定義やねらい,「主体的・対話的で深い学び」と「学びの再構成」の関連性,「学びの再構成を促す工夫」を取り入れた「主体的・対話的で深い学び」のデザインの仕方について説明してきました。

　今年度,「学びの再構成を促す工夫」を全教科・領域の授業で取り入れたことで,生徒アンケートや外部評価などで肯定的な数値が表れました。代表的な質問項目の結果を紹介します。

○　「教科等の学習で知識(技能)と知識(技能)を関連付けながら,課題を解決しようと意識しましたか。」

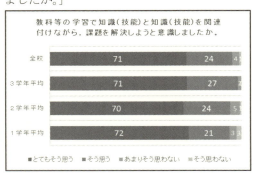

⇒　この項目では,「とてもそう思う」「そう思う」の肯定的評価の割合が全校で９５％でした。この結果から,「学びの再構成を促す工夫」を全教科の授業で意識的に取り入れたことで,生徒が知識及び技能を関連付けながら,課題を解決しようとする意識の高まりにつながったことがわかります。

○　「教科等の学習で,自分にとって有効な視点,考え方,解き方などを見つけることができましたか。」

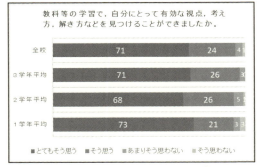

⇒　この項目では,「とてもそう思う」「そう思う」の肯定的評価の割合が全校で９５％でした。この結果から,「学びの再構成」の２つの過程である「知識及び技能の新たなつながりが生じ,関連付いていく過程」「知識及び技能のつながりがほどけ,新たに関連付いていく過程」を通して,生徒が明確な視点や考え方を基に,知識及び技能を関連付けるようになったことがわかります。

○　「教科等の学習で,他者との考えが異なることの大切さを理解し,他者の考えを取り入れながら,課題の解決方法を考えていましたか。」

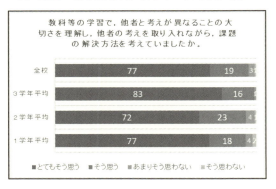

⇒　この項目では、「とてもそう思う」「そう思う」の肯定的評価の割合が全校で９６％でした。この結果から、「学びの再構成を促す工夫」は、対象に関する知識及び技能を深く理解することだけではなく、生徒が他者と協働的に学ぶことの意識を高めることにもつながることがわかります。

　ここで、外部評価の結果も紹介します。2017年、2018年にかけて、ベネッセコーポレーションが開発するGPS-Academicをモニター受検しています。GPS-Academicは、問題発見・解決に必要な３つの思考力（批判的思考力、協働的思考力、創造的思考力）を選択式、記述・論述式、質問紙で多面的に測るテストであり、資質・能力の多面的・多角的な評価に向けて現在、中学校領域のものを研究開発中です。

GPS-Academic（Benesse）現3年生の結果　今年度と昨年度の比較		今年	昨年
気づく力（批判的思考力）	情報を取り出して吟味する	B	B
	論理的に組み立てて表現する	A	B
かかわる力（協働的思考力）	他者との共通点・違いを理解する	A	B
	社会に参画し、人とかかわりあう	B	B
ひらめく力（創造的思考力）	情報をつなぐ・他のことに応用する	A	B
	問題を見つけ、解決策を生み出す	A	B

⇒　現３年生の2017年と2018年に受験結果の比較になります。創造的思考力については、「情報をつなぐ、他のことに応用する」などの項目の結果が改善されています。このことから、「学びの再構成を促す工夫」が生徒の思考力の育成にも有効であることがわかります。

　以上、「学びの再構成」を授業でどのように手だてとして取り入れるのか、そのポイントや有効性を説明しました。第２章では、全教科・領域の実践を紹介しています。「主体的・対話的で深い学び」をデザインするためのヒントになれば幸いです。

参考引用文献

○　石井英真（2015）『今求められる学力と学びとは―コンピテンシー・ベースのカリキュラムの光と影―』日本標準

○　石井英真（2017）『アクティブ・ラーニングを越える授業』日本標準

○　松下佳代（2015）「ディープ・アクティブラーニングへの誘い」松下佳代・京都大学高等教育研究開発推進センター編『ディープ・アクティブラーニング―大学授業を深化させるために―』勁草書房

○　松下佳代（2016）「資質・能力の新たな枠組み―「３・３・１モデル」の提案―」『京都大学高等教育研究』第22号

○　溝上慎一（2018）『学習とパーソナリティ―「あの子はおとなしいけど成績はいいんですよね！」をどう見るか　学びと成長の講話シリーズ２』東信堂

○　文部科学省　中央教育審議会答申（2016）『幼稚園、小学校、中学校、高等学校及び特別支援学校の学習指導要領等の改善及び必要な方策等について』

○　文部科学省（2017）『中学校学習指導要領　平成29年告示』

○　新潟大学教育学部附属新潟中学校（2017）『附属新潟中式「３つの重点」を生かした確かな学びを促す授業―教科独自の眼鏡を育むことが「主体的・対話的で深い学び」の鍵となる！』東信堂

○　佐伯胖・藤田英典・佐藤学　編著（1995）『学びへの誘い』東京大学出版会

○　田村学（2018）『深い学び』東洋館出版社

第2章
「学びの再構成」の視点を活用した授業改善の実践集

この章のポイント！

○ 「学びの再構成」を基に，「深い学び」をイメージすることで，私たちは資質・能力の3つの柱である「知識及び技能」「思考力・判断力・表現力等」「学びに向かう力・人間性等」を生徒に活用・発揮させることを意識しながら，働き掛けを考えることができます。

○ 「学びの再構成を促す工夫」を授業に組み込むために，「知識及び技能の新たなつながりが生じ，関連付いていく過程」「知識及び技能のつながりがほどけ，新たに関連付いていく過程」の2つの過程を通した手だてを構想することが大切です。

○ この章では，「学びの再構成」の視点を活用した全教科・領域の授業改善の実践を紹介します。「学びの再構成を講じる前」「学びの再構成を講じた時」「学びの再構成を講じた後」の大きく3つに分け，生徒が資質・能力を活用・発揮しながら，深い学びに向かう姿をまとめました。

この章の読み方

　この章では，各授業者が見開き2ページで授業実践をまとめています。各項目をどのような意図で組み立て，どのような内容でまとめているかを下記に示しました。本章の読み方として参考にしてください。

学びの再構成を促す工夫のポイント

　各ページの上部に，学びの再構成を促す工夫のポイントが記述されています。過程Ⅰ「知識及び技能の新たなつながりが生じ，関連付いていく過程」，または過程Ⅱ「知識及び技能のつながりがほどけ，新たに関連付いていく過程」のどちらかのパターンを取り入れています。

1　単元・題材における課題

　単元・題材を貫く課題を詳細に説明しています。課題の内容は，単元・題材での中心となる対象に基づいたものになっています。

2　単元・題材の計画

　単元・題材の計画を基に，主な学習活動・学習内容を説明しています。また，「学びの再構成を促す工夫」を講じた授業については，黒枠で囲み実際の授業として，詳しく後述しています。

3　単元・題材における学びの再構成を促す工夫の構想

　単元・題材のまとまりある時間を通して，生徒が対象に関する知識及び技能をどのように構成し，そして学びを再構成しながら，資質・能力をどのように発揮していくかをA4・1枚にまとめてあります。学びの再構成を図式化し，「知識及び技能」「思考力・判断力・表現力等」「学びに向かう力・人間性等」の資質・能力の相互の関係も説明しています。

4　学びの再構成を促す工夫を講じるまで

　「学びの再構成を促す工夫」を手だてとして講じる前の時間までに，単元・題材での中心となる対象に関する知識及び技能を，生徒が構成できるようになったのか教師の具体的な働き掛けを視覚的に説明しています。

5　学びの再構成を促す工夫を講じた授業の実際

　「学びの再構成を促す工夫」を講じた時間に焦点を当て，手だての具体や手だてによって，生徒が学びを再構成しながら，どのような資質・能力を活用・発揮したのかをまとめてあります。実際に使用したワークシート，生徒の作品，生徒の発話，振り返り記述などを基に，教師が手だての有効性を分析しています。

30　実践編

国語（1年）　様々な役割で複数の文章を読もう

授業者　**坂井　昭彦**

学びの再構成を促す工夫のポイント（過程Ⅱのパターン）

ポイント1　複数の文章を，役割に沿って読み，考えたことや問いに対する考えなどを説明したり，検討したりする活動を組織する。

ポイント2　問いの解を考えるために情報を収集したり，関連付けたりする活動を組織する。

1 単元における課題

課題　動物園はどのように変わるべきか

　生徒は，『変わる動物園』やこれに関連した書籍などについて様々な役割を基に読み，わかったことや問いなどをワークシートにまとめ，共有する活動を行います。このような活動の中で，挙げられた問いの解について考えることを通して，生徒は，複数の情報を比較・整理して，その内容や筆者の主張を踏まえながら自分の考えをまとめていきます。

2 単元の計画（全7時間）

	主な学習活動・学習内容
第1時	**『変わる動物園』を読む活動** ○ 『変わる動物園』を読んで気付いたことや問いを教科書に書き込む。 ○ 感想や問いをワークシートにまとめて，全体で共有する。 　＜本単元における課題＞ 　　動物園はどのように変わるべきか
第2時	**問いの解をまとめる活動** ○ 第1時で挙げられた問いの解を考え学習グループや全体で共有する。 ○ 生徒から挙げられた問い「動物園はどのように変わるべきか」について自分の考えをまとめる。
第3〜6時	**『動物園革命』『〈旭山動物園〉革命—夢を実現した復活プロジェクト』から抜粋した資料全4部のそれぞれを役割で読み，わかったことや問いなどを交流する活動** ○ 第1時で挙げられた問いの解について資料を基に自分なりにまとめる。 ○ 役割（自分の経験と関連付けて読む役割・推測して読む役割・要約する役割・問いを立てる役割・詳しく調べる役割）を基に文章を読み，わかったことや新たな問いなどをワークシートにまとめる。 ○ ワークシートや調べた資料を可視化して俯瞰できる「可視化シート」を作成する。 ○ 「動物園はどのように変わるべきか」についての考えをワークシートにまとめる。
第7時 	**第6時でまとめたことを交流して，「動物園はどのように変わるべきか」について考えをワークシートにまとめる活動** ○ 第6時でまとめた「動物園はどのように変わるべきか」についての自分なりの考えを学習グループで発表して，グループ内で質疑応答をする。 ○ 学習グループで挙げられた内容を全体で共有する。 ○ 再度「動物園はどのように変わるべきか」についての自分なりの考えをまとめる。

第2章 「学びの再構成」の視点を活用した授業改善の実践集　31

3 単元における学びの再構成を促す工夫の構想

チェック☑─授業者が再構成までの過程を構想しましょう！

○ 『変わる動物園』を様々な役割で読み，自分たちが立てた問いの解を考えるために関連する複数の書籍や資料を読み進めます。その中で，複数の情報を比較・整理して，その内容や筆者の主張を踏まえながら自分の考えをまとめていきます。

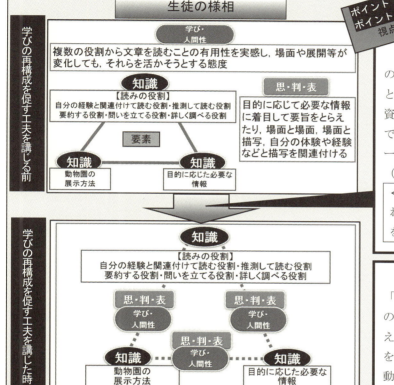

教師の働き掛け

新たな対象として「動物園はどのように変わるべきか」を問うことで，生徒は，これまでの複数の資料からわかったことなどを紡いでいく。その際に，これまでのワークシートを俯瞰できる模造紙（可視化シート）を活用する。

＜発問＞「動物園はどのように変わるべきか」について自分の考えをまとめなさい。

教師の働き掛け

「変わる動物園」に関連した複数の資料を，役割に沿って読み，考えたことや問いに対する考えなどを説明したり，検討したりする活動を組織する。

○ 例えば，動物園の展示方法（生態的展示・行動展示）やその目的に着目して，それぞれの良さや課題を明らかにしながら「動物園はどのようにかわるべきか」についての自分なりの解釈をしていきます。

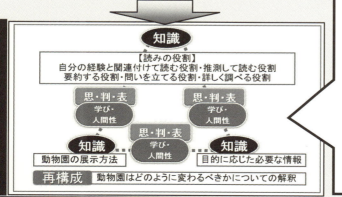

学びの再構成をした姿

再構成─　動物園はどのように変わるべきかについての解釈

○ これまでの文章の要旨，調べたこと，伝え合った内容，場面と場面，問いとその解，他者から得た新たな気付き，自分の体験や経験，生態的展示，行動展示を比較したり，関連付けたりして自分なりの解釈を踏まえながら，具体的に実感をもって自分の考えをまとめる。

32　実践編

4　学びの再構成を促す工夫を講じるまで

チェック☑―再構成に必要な知識・技能を焦点化し，構成できるようにしましょう！

① 役割を基に調べたことやわかったことなどをまとめる活動を組織する。
② 役割を基に調べたことやまとめたことを交流したり，問いの解を考えたりする活動を組織する。
③ ワークシートや調べた資料を可視化して俯瞰できる「可視化シート」を作成する活動を組織する。

ポイント1の具体　役割を基に調べたことやわかったことをまとめる活動

それぞれの役割で文章を読む

「CiNii」「J-STAGE」などを活用して，動物園の展示方法や「生態的展示」「行動展示」などの特徴や歴史的な背景などを調べる。

動物園の展示方法の種類・特徴・歴史的背景，人間と動物とのあるべき姿・動物園の展示目的を知る。

ポイント1の具体　役割を基に調べたことやまとめたことを学習グループで交流して問いの解を考える活動

動物園において「生態的展示」を取り入れることの良さと課題について話し合おう。

それぞれの役割から問いの解を考える

他者の考えに触れることで，新しい気付きがあったり，新たな問いが生じたりする。

ポイント1の具体　可視化シートを作成する活動

「生態的展示」「行動展示」に関する資料を収集

「生態的展示」「行動展示」の良さや課題，様々な動物園の取組や目的，歴史的な背景を整理する。

第2章 「学びの再構成」の視点を活用した授業改善の実践集　33

5 学びの再構成を促す工夫を講じた授業の実際（第7時）

チェック☑—手だてを講じ，生徒が3つの資質・能力を相互に発揮できるようにしましょう！

○ 第6時でまとめた「動物園はどのように変わるべきか」について，自分なりの考えを学習グループで発表して，グループ内で質疑応答をする活動を組織する。
○ 再度，「動物園はどのように変わるべきか」について，自分なりの考えをまとめる活動を組織する。

ポイント2の具体

ステップ1　発表・質疑応答をする活動

「動物園はどのように変わるべきか」について，自分なりの考えを発表する。それに対して学習グループ内で質疑応答をする。

ステップ2　問いの解について考える活動

「動物園はどのように変わるべきか」について，再度考える活動を組織する。この中で，生徒は，発表や質疑応答を通して，新たにわかったことなどを踏まえてまとめる。

生徒Aが第2時でまとめたもの

生徒Aが第7時でまとめたもの

○ 体験談や資料を根拠に，展示の目的を踏まえながら自分なりの「これからの動物園はどうあるべきか」を具体的に記述している。

○ 歴史的背景に触れらながら動物園のあるべき姿を記述している。

「動物園はどのように変わるべきか」について，第2時においては，例えば展示方法の一面的な部分しか捉えていませんが，第7時においては，調べたこと，動物と人間の関係，歴史的背景，生態的展示の特徴，行動展示の特徴を比較したり，関連付けたりして展示の目的を踏まえながら自分なりの解釈をまとめています（**知識及び技能の発揮**）（**思考力・判断力・表現力等の発揮**）。これに授業を通して，それぞれの役割で調べたことやわかったことを再構成して，動物園はどのようにかわるべきかについて解釈している姿です。さらに，「命」「生き方」「人間と動物の関係」に触れる中で今後，我々はどのようにしていくべきかという態度の表われもありました（**学びに向かう力，人間性等の発揮**）。

社会（2年）　明治維新～明治150年の新潟から～

授業者　山田　耀

学びの再構成を促す工夫のポイント（過程Ⅰのパターン）

ポイント1 ── 自分の予想とのずれやフィールドワークなどを基に，興味をもった観点から社会的事象を多面的に把握させるためのジグソー学習

ポイント2 ── 多角的に考察させるために複数の立場から社会的事象をとらえなおさせる問いを発問として講じる働きかけ

1 単元における課題

課　題　楠本正隆は新潟で明治維新をどのように進めたのだろう

　明治初期の日本を訪れたイギリスの女性旅行家イザベラバードが絶賛した新潟。その新潟を作った第二代新潟県令楠本正隆。彼が行った開化政策を追究し，開港地であった新潟がどのように近代化されていったかを多面的に把握しました。すると，楠本県令の開化政策は新潟の人々からは反発されていたことが明らかになりました。楠本県令の開化政策の評価を検討することで，明治新政府の立場や新潟の人々の立場から多角的に新潟の近代化を考察し，具体性や実感を伴いながら明治維新について考えを深めました。

2 単元の計画（全6時間）

主な学習活動・学習内容
※本単元に入る前に，明治新政府の諸改革の概要を学習しています
第1時： 明治時代初期の新潟の様子に着目する活動 　○ イザベラバードの旅行記から諸改革が進んだ明治時代初期の日本各地の様子（東京・新潟・新庄）を比較する。 　○ 明治時代初期の新潟の写真や人口が日本一である事実から，新潟の近代化が進んでいたことに気付く。
第2時： 明治維新が進む新潟の人々の反応を読み取る活動 　○ 新潟の近代化が人々に反発を受けていたこと，その改革を進めていた人物である県令楠本正隆を知る。 　　　＜本単元における課題＞ 　　　　楠本正隆は新潟で明治維新をどのように進めたのだろうか。
第3時： 楠本県令のことを調べるために，白山公園でのフィールドワーク 　○ 楠本県令が創設した全国初の公園でフィールドワークをし，開化政策の概要を知る。
第4～5時： 楠本県令の開化政策を追究する活動 　○ 自分が追究する楠本県令の開化政策を選び，資料を基に追究活動を行う。 　　・【廃藩置県・地租改正】行政改革，税制改革 　　・【学制の交付・殖産興業】学校の設立，産業の発展 　　・【文明開化～人々の生活～】人々の生活の取り締まり 　　・【文明開化～町の様子～】白山公園の設立を含む街並みの改造 　○ 同じ開化政策，違う開化政策を選んだ仲間と交流する。 　○ 明らかになった楠本の開化政策を模造紙にまとめ，全体で共有する。 　○ 楠本県令の開化政策が人々に反発されていたり，人々に財政面での負担を強いていたりしたという共通点を見いだす。
第6時： 楠本県令の開化政策を評価する活動 　○ 楠本正隆の開化政策について支持するか，支持しないかの立場を決める。 　○ 学級全体で楠本県令の開化政策について検討し，個人で考えをまとめる。

3 単元における学びの再構成を促す工夫の構想

チェック☑―授業者が再構成までの過程を構想しましょう！

○ 事前に構成してきた「廃藩置県・地租改正」「学制の公布，殖産興業」「文明開化～人々の生活，町の様子～」などの知識が，明治新政府の方針という新たな視点から，関連付けられていく再構成の過程を通して，生徒が資質・能力をどのように発揮していくかを構想します。

生徒の様相

学びの再構成を講じる前

【学び・人間性】楠本正隆の開化政策を，様々な観点や立場から追究し，地域的事象から明治維新を考察しようとする

知識：廃藩置県・地租改正
知識：学制の交付・殖産興業
知識：文明開化～人々の生活～
知識：文明開化～町の様子～

【思・判・表】事象の特色や相互の関連を多面的に把握して，多角的に考察する

ポイント1とポイント2の視点

教師の働き掛け
生徒が新潟の近代化と明治新政府の諸政策の関係性を見いだせるように，<u>新たな対象として，楠本県令の開化政策を明治新政府の立場や新潟の人々の立場からとらえ直させる問い</u>を発問として講じる。

＜発問＞
あなたは，楠本正隆の改革をどのように評価しますか。

学びの再構成を講じた時

（知識：廃藩置県・地租改正／学制の交付・殖産興業／文明開化～人々の生活～／文明開化～町の様子～ が「明治政府の方針」で結ばれる図）

○ 明治新政府の方針は理解できるが，開化政策の手法が支持できないなどと考え，<u>楠本県令の開化政策を明治新政府の立場や，新潟の人々の立場からも考え始め，学びの再構成が促される</u>。

教師の働き掛け
楠本県令の開化政策と明治新政府の方針を関連付けさせるために以下の発問を講じる。

＜発問＞
楠本正隆は何を大切にして，開化政策を進めてきましたか。

学びの再構成を講じた後

（知識が「明治政府の方針」と「再構成―中央集権国家体制」で結ばれる図）

学びの再構成をした姿
再構成―中央集権国家体制
○ 生徒は明治新政府や新潟の人々の立場をふまえて，明治新政府の方針を視点に，楠本県令の4つの開化政策を根拠に中央集権国家体制を再構成することができる。

36　実践編

4 学びの再構成を促す工夫を講じるまで

チェック☑―再構成に必要な知識・技能を焦点化し，構成できるようにしましょう！

○ 楠本県令の開化政策を政治，経済，教育，文化，産業などの面から多面的に把握するために，フィールドワークを基にしたジグソー学習を行い，「廃藩置県・地租改正」「学制の公布，殖産興業」「文明開化〜人々の生活，町の様子〜」といった知識を構成できるようにしました。

ポイント1の具体　楠本県令が創設した日本初の公園，白山公園でのフィールドワーク

楠本県令の開化政策の概要を調査

「『白山神社』は明治時代に作られたのに今でもみんなに親しまれている。それを作った楠本県令のことをもっと調べたいな！」

フィールドワークの結果をグルーピング・ラベリングし，開化政策を4つの観点から追究

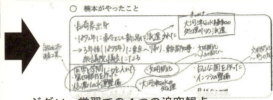

ジグソー学習での4つの追究観点
①廃藩置県・地租改正　②学制の交付・殖産興業
③文明開化〜人々の生活〜　④文明開化〜町の様子〜

ポイント1の具体　楠本県令の開化政策の追究活動

① 自分で選択した観点を個人で追究
② 同じ観点の仲間と確認，強化

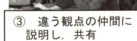

「仲間に自分の観点を説明し，違う観点の説明を聞くことで，楠本県令のやったことがよりわかったぞ！」

③ 違う観点の仲間に説明し，共有

【キーワード】
新潟が開港地なので外国人の目を気にした，文明開化，西洋風など

模造紙にまとめ，楠本県令の開化政策を多面的に把握する

ポイント1の具体　楠本県令の開化政策の共通点を見いだす活動

「楠本県令は新潟にとってよいことをしていたはず。でも，嫌われていた。人々のことを考えずに開化政策をしていたのでは？」

追究活動の結果，明らかになったことを全体で共有

【キーワード】新潟を外国人に見られても恥ずかしくない町に，人々のことを考えずになど

開化政策が人々の反発を受けていた，人々に負担を強いていたという共通性を見いだす

第2章 「学びの再構成」の視点を活用した授業改善の実践集　37

5 学びの再構成を促す工夫を講じた授業の実際（第6時）

チェック☑―手だてを講じ，生徒が3つの資質・能力を相互に発揮できるようにしましょう！

- 楠本県令の開化政策のよい点，負の影響面を見いだした生徒に開化政策に対する評価を，「支持する」，「どちらかというと支持する」，「どちらかというと支持しない」，「支持しない」の4段階で問いました。
- ジグソー学習で事象を多面的に把握させた上で，とらえ直させる問いを発問として講じることで，生徒は明治新政府や新潟の人々などの立場から多角的に考え始めます。そして，仲間との検討を通して，楠本県令の4つの開化政策を根拠に，新潟の事例を具体として，中央集権国家体制を再構成しながら，構想した3つの資質・能力を相互に発揮できるようにします。

ポイント2の具体

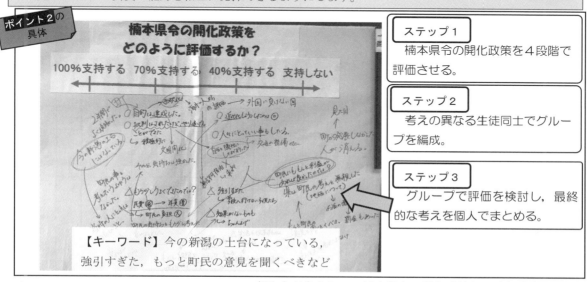

ステップ1　楠本県令の開化政策を4段階で評価させる。

ステップ2　考えの異なる生徒同士でグループを編成。

ステップ3　グループで評価を検討し，最終的な考えを個人でまとめる。

【キーワード】今の新潟の土台になっている，強引すぎた，もっと町民の意見を聞くべきなど

　新たな対象として，楠本県令の開化政策を明治新政府の立場や新潟の人々の立場からとらえ直させる発問「あなたは，楠本正隆の改革をどのように評価しますか。」を講じました。そして，考えの異なる生徒との検討を通して，支持する側の立場の生徒は，楠本県令の開化政策を新潟の人々の立場からとらえ直し，その上で明治新政府が目指した国家体制を考えました。支持しない側の立場の生徒は，楠本県令の開化政策を明治新政府の立場からも考え，開化政策の意義を改めてとらえなおし，その上で明治新政府が目指した国家体制を考えました。これにより，「明治新政府の方針」を視点に新潟の近代化と明治新政府の諸政策の関係性を見いだして（**思考力・判断力・表現力等の発揮**），明治政府が目指した「中央集権国家体制」をとらえ直すという学びの再構成が促されました。

　授業を通して，「明治新政府の方針」を視点に，生徒が「中央集権国家体制」を再構成し，事象の特色や相互の関連を多面的に把握し多角的に考察していることがわかりました（**知識及び技能の発揮**）（**思考力・判断力・表現力等の発揮**）。単元終末時，生徒は次のように記述しました。記述には，地域的事象から明治維新を学ぶよさを実感し，また新潟が歴史的に果たしていた役割に気付き，次の学習へ向かいたいという態度の表れもありました。（**学びに向かう力，人間性等の発揮**）。

○ 明治維新の意義，それは当時の人々が，楠本県令が新潟で行ったように，世界に目を向けながら苦労して，努力して改革を進めたこと。それが，今にもつながっていると感じた。（中略）自分の住んでいる新潟でこんなことが起きていたなんて驚いた。歴史の中で新潟のもっているパワーはすごいと思った。そういう視点でこれからの新潟を見たり，考えたりしていきたい。

数学（2年） 一次関数の利用

授業者 瀬野 大吾

学びの再構成を促す工夫のポイント（過程Ⅱのパターン）
ポイント1 ── 数学的な表現について，解釈を問い，根拠を明らかにして説明をつくる活動を促す働き掛け
ポイント2 ── 解決した課題について，異なるプロセスをたどる問いを提示する働き掛け

1 単元における課題

課題 一次関数を活用して，どのようなことが説明できるのだろうか。

具体的な事象と数学的な表現とを往還して，一次関数を活用して追究しました。予想や他者とのずれを感じたり，なぜそうなるのかについて考察したりすることによって，事象を数学的に考察することの必要性や有用性を実感しました。そして，考察したことを表現して他者に伝えたいと感じ，説明をつくり，表現を練り上げる活動を行いました。

2 単元の計画（全6時間）

	主な学習活動・学習内容
第1時	具体的な事象について一次関数を用いて考察し，説明をつくる活動 ○ 問題を提示する。 　おいしい日本茶（上煎茶）を淹れるために，70℃のお湯を沸かしたい。この電気ケトルでは，500mLのお湯を100℃に沸騰させるまで，4分かかった。70℃のお湯を500mL沸かすためにはどうすればよいか。 ○ 比例の関係を用いた誤答を共有し，誤答である根拠や不足した条件を補った上での正答を数学的な表現を用いて説明する活動を組織する。 ＜本単元における課題＞ 　一次関数を活用して，どのようなことが説明できるのだろうか。
第2〜3時	数学的な表現を解釈して，具体的な事象についての説明をつくる活動 ○ 問題を提示する（問題は後述）。 ○ それぞれの料金プランをグラフに表し，グラフが表現していることを読み取り，説明をつくる活動を組織する。
第4時	具体的な事象について，数学的な表現を用いて表す活動 ○ 問題を提示する。 　AB=4cm，BC=6cmの長方形ABCDの辺上を，点Pは毎秒1cmの速さで，AからB，Cを通ってDまで移動する。点PがAを出発してからx秒後の△APDの面積を$y\,cm^2$とする。yをxの式で表し，グラフをかきなさい。 ○ グラフをかく活動を組織する。
第5時 **実際の授業** （学びの再構成を促す工夫を講じた授業）	数学的な表現を解釈し，具体的な事象について考察する活動 ○ 問題を提示する。 　（グラフを提示して），四角形ABCDの辺上を，点Pは毎秒1cmの速さで，AからB，Cを通ってDまで移動したときの，点PがAを出発してからx秒後の△APDの面積を$y\,cm^2$としたグラフである（ただし，∠A=90°）。四角形ABCDをかきなさい。 ○ 四角形ABCDをかいた根拠を明らかにして説明をつくる活動を組織する。
第6時	演習によって学びを定着させる活動 ○ これまでの学びの類題による演習を通して，学習内容等を身に付けるための活動を組織する。

3 単元における学びの再構成を促す工夫の構想

チェック☑ーー授業者が再構成までの過程を構想しましょう！

○ 前時までに学習してきた知識のつながりが，新たな対象である異なるプロセスをたどる問いに出会うことによってほどけ，新たな課題解決の過程で知識が新しいつながりで関連付けられていく再構成の過程を通して，生徒が資質・能力をどのように発揮していくかを構想します。

生徒の様相

学びの再構成を促す工夫を講じる前

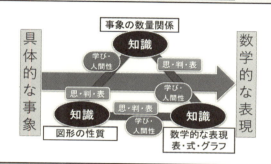

ポイント1とポイント2の視点

教師の働き掛け

生徒が因果や前提・事実・結論などの関係性を正しく認識して事実を考察し，数学的な表現と具体的な事象との整合を図ることができるように，新たな対象として，<u>数学的な表現（グラフ）の意味を読み取り，具体的な事象（四角形 ABCD）について考察する問いを提示する</u>。

<発問>
四角形 ABCD をかきなさい。

学びの再構成を促す工夫を講じた時

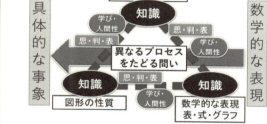

教師の働き掛け

考察したことを論理的に記述することができるように，数学的な表現について，解釈を問い，根拠を明らかにして説明をつくる活動を組織する。

<発問>
四角形 ABCD をどのようにかいたのですか。根拠を明らかにして説明をつくりなさい。

○ 課題解決に向けて数学的な表現と具体的な事象とを往還し，新たなつながりを見いだし始め，学びの再構成が促される。

学びの再構成を促す工夫を講じた後

学びの再構成をした姿

再構成―数学的な表現と具体的な事象とにかかわる知識のつながり

○ 生徒は，具体的な事象を数学的な表現を用いて表すことと，数学的な表現の意味を読み取り，具体的な事象を考察することを通して，相互の関係性についての理解がより深まっていく。

40　実践編

4　学びの再構成を促す工夫を講じるまで

チェック☑—再構成に必要な知識・技能を焦点化し，構成できるようにしましょう！

○ 具体的な事象と数学的な表現とを往還することができるようにするために，解釈を問い，根拠を明らかにして説明をつくる活動を行いました。

○ 互いの説明を発表し合うことで，読み取りや表現の不十分さを自覚し，よりよい説明になるように練り上げることで，具体的な事象と数学的な表現との関係性のとらえが深まるようにしました。

ポイント1の具体　グラフの意味を読み取り，根拠を明らかにして説明をつくる活動

念願であった大手携帯電話会社への入社を果たした大吾さん。営業企画部に配属され，社会人1年目がスタートしました。そんな大吾さんに，絶好のチャンスが訪れました。尊敬する上司から"新しい料金プランの提案"を任されたのです。この会社には，すでに次の2つの料金プラン，A，Bがありました。

| A | 基本料金（月額）2,000円，通話時間1分ごとに50円 |
| B | 基本料金（月額）6,500円，通話時間60分までは無料，60分をこえると，こえた分の通話時間1分ごとに25円 |

大吾さんは「AプランとBプランのみでは，消費者の多様なニーズに応えることはできない」と会議の中で朗々とプレゼンを行いました。上司も頷きながら説明を聴いてくれていました。満を持して大吾さんは，自分が考えたCプランを次のように提案しました。

| C | 基本料金（月額）4,800円，通話時間40分までは無料，40分をこえると，こえた分の通話時間1分ごとに40円 |

しばらく沈黙が続き，上司の顔色が変わり始めました。上司は会議の打ち切りを宣言し，大吾さんに別室へ来るよう指示して席を立ちました。明らかに不機嫌そうです。大吾さんは何か失敗をしてしまったのでしょうか？

そもそも消費者は料金が最も安くなるプランを選択する。通話時間が120分に満たない人にはプランAが，通話時間が120分を超える人にはプランBがよい。つまりプランCは誰からも選択されない。

【キーワード】
「グラフに表す」
「グラフを読み取る」
「説明する」　など

ポイント1の具体　具体的な事象を考察し，グラフで表現する活動（動点問題）

AB=4cm，BC=6cmの長方形ABCDの辺上を，点Pは毎秒1cmの速さで，AからB，Cを通ってDまで移動する。点PがAを出発してからx秒後の△APDの面積をycm²とする。yとxの関係を式で表し，グラフをかきなさい。

事象 → 表現

点Pが「辺AB上にあるとき」「辺BC上にあるとき」「辺CD上にあるとき」のそれぞれの場合について分けて考えました。それぞれの場合について式をつくったり，変域を求めたりしてグラフに表しました。

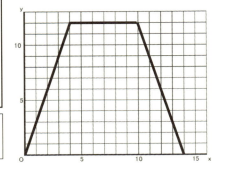

【キーワード】
「グラフに表す」，「説明する」　など

5 学びの再構成を促す工夫を講じた授業の実際（第5時）

チェック☑—手だてを講じ，生徒が3つの資質・能力を相互に発揮できるようにしましょう！

○ 具体的な手だてとして，前時に扱った「動点問題」を，本時では先にグラフを提示して点が辺上を移動した四角形について考察する問いを提示しました。

○ 生徒が四角形について共有した後，なぜその四角形を描いたのかについて，数学的な表現の解釈を根拠として説明をつくる活動によって，資質・能力を相互に発揮できるようにします。

ポイント2の具体

右の図は，四角形 ABCD の辺上を，毎秒1cmの速さで点Pが，AからB，Cを通ってDまで移動したときの，点PがAを出発してから x 秒後の△APDの面積を y cm^2 としたグラフである。四角形 ABCD をかきなさい。（ただし，∠A=90°）

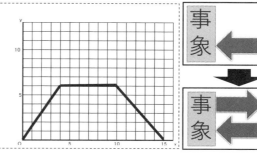

新たな対象として，グラフを提示して点が辺上を移動した四角形を描く問いを提示しました。この問いの提示により，「数学的な表現から読み取れること」と「具体的な事象についての解釈」とを関連付けて（**思考力・判断力・表現力等の発揮**），互いを往還しながらその整合を図り，数学的な表現や図形の性質の関係性をとらえ直すという学びの再構成が促されました。

また，四角形 ABCD を全体で共有した後，「四角形 ABCD をどのように描いたのですか。根拠を明らかにして説明をつくりなさい。」と発問しました。この発問により生徒は，筋道立てて説明を記述することによって自らの課題解決過程における思考をメタ認知すること（**知識及び技能の発揮**）（**思考力・判断力・表現力等の発揮**）ができました。また，それを振り返ることによって，説明をつくる活動の有用性を実感していることやさらに学びを発展させたい（**学びに向かう力，人間性等の発揮**）と考えていることもわかりました。本時の振り返りに，生徒は次のように記述しています。

○ 前回とは違い長方形ではなかったので，図形をかくまでに少し時間がかかってしまった。しかし，先に図形の予想をしておくことで，考えと違っていても少しずつ長さや角度を対応させることで正しい図形をかくことができた。また，班交流で私が発想しなかった考え方やアイディアがあって，次回から取り入れてみようと思ったし，とても楽しかった。

○ パッと見てわかったことなどを，頭の中を整理することも大切で，式で表したり，図で表したりと，しっかりと説明として残すことで，自分がどういう判断をしていたのかがわかる。

○ 作業をしていく中で，この四角形が台形だったことにびっくりした。今回は四角形だったが，五角形だった時にどのようになるのか知りたい。

さらに，単元末に一次関数の学習全体を振り返る時間を設定しました。生徒は単元全体の学びを振り返り，具体的な事象と数学的な表現とを関連付けて考察することの有用性を実感することができました。

○ ある事象から読み取れたことを，式，表，グラフに表すことができるようになった。また逆に，式，表，グラフから読み取れたことをもとに，具体的な事象について考えたり，説明したりすることもできるようになった。実際には，このどちらもできることが大切だと感じた。

○ 今回学んだことを活かして，もっと難しい関数について学んでみたいし，どんな新しいことに活用できるのか知りたい。

理科（3年） 力や慣性の大きさと運動

授業者　庭田　茂範

学びの再構成を促す工夫のポイント（過程Ⅰのパターン）

ポイント1　素朴概念と科学概念にずれが生じる事物・現象について，見いだした複数の概念を関連付け，根拠を基に仕組みを探究させる働き掛け
　※　「複数の概念（「力と運動」，「慣性と運動」，「空気抵抗と運動」「摩擦と運動」）」は，単元の前段階ですでに見いだしている。

ポイント2　自分の考えの根拠を視覚化できるワークシートを用いて，仮説やその根拠が違う生徒同士のグループで検討・検証させる働き掛け

1　単元における課題

課題　物体が受ける力の大きさと物体がもっている慣性の大きさはどのように関係しているのだろうか。

　生徒が，現実の場面における質量の異なる2つの物体が斜面を下る運動のしくみを追究しました。「力と運動」，「慣性と運動」，「空気抵抗と運動」の3つの概念を基に，現実の世界での質量が大きい物体の方が斜面を速く下る運動の理由を，重力と空気抵抗などの力，物体がもっている慣性を視覚化し，説明しました。

2　単元の計画（全7時間）

	主な学習活動・学習内容
第1時	**力と性質の違いを確認する活動** ○　力は，他の物体から受けるものであり，慣性などの性質は，その物体にもともと備わっているものであることを確認する。
第2時	**質量の異なる2つの物体が斜面を下る運動について考える活動** ＜発問＞　斜面の角度は一定にして，質量が2倍の台車を下らせると，速さの変化はどうなりますか。 ○　自分の考えや根拠を視覚化できるワークシートを用いて，仮説と根拠を考える。
第3時	**仮説を検討・検証する活動** ○　仮説や根拠のとらえが違う生徒同士のグループで検討・検証する。
第4時	**実験を行い，結果を確認し，再度，仮説を検討・検証し，学級全体で共有する活動** ○　速さの変化は同じになることを確認する。 ＜本単元における課題＞ 　物体が受ける力の大きさと物体がもっている慣性の大きさはどのように関係しているのだろうか。 ○　「力による影響」と「慣性による影響」で，速さの変化は同じになることを学級全体で共有する。
第5時	**現実の場面での運動の様子を考える活動** ＜発問＞　現実の様々な場面でも，質量が大きくても小さくても，速さの変化の割合は変わらないのですか。その理由も合わせて説明しなさい。 ○　スキー，そり，ウォータースライダーなどの現実の場面では，質量が大きい方が速さの変化は大きいことを思いだす。
第6〜7時 **実際の授業**（学びの再構成を促す工夫を講じた授業）	**考えを検討・検証し，学級全体で共有する活動** ○　必要に応じて，検証実験を行う。 ○　検証に必要な実験を考えさせる際は，今まで行った実験を思いだす。 ○　検討・検証に必要な実験の結果と視覚化された説明と関連付けて，説明する。

3 単元における学びの再構成を促す工夫の構想

チェック☑―授業者が再構成までの過程を構想しましょう！

○ 事前に構成してきた「力と運動」、「慣性と運動」、「空気抵抗と運動」の3つの概念が、現実の場面での物体の運動という新たな視点から、関連付けられていく再構成の過程を通して、生徒が資質・能力をどのように発揮していくかを構想します。

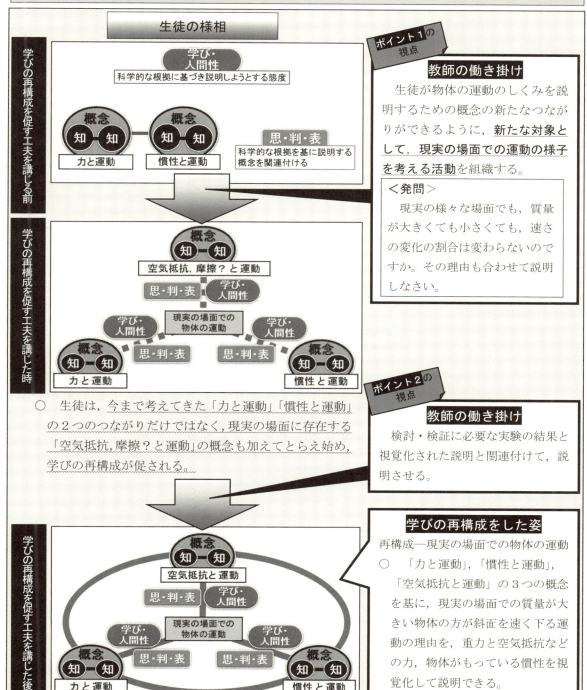

4 学びの再構成を促す工夫を講じるまで

チェック☑─再構成に必要な知識・技能を焦点化し，構成できるようにしましょう！

○ 生徒がもっている「重いものは，速く落ちたり，下り坂を速く下ったりする」という日常体験に関する認識が揺らぎ，「力と運動」，「慣性と運動」の２つの概念を基に，構成できるようにしました。
○ 力と性質である慣性の違いを整理し，使い分けることができるように，ワークシートに視覚化しました。

単元の前段階で

 物体が受ける力と物体の質量と物体の運動の規則性を見いだす

力学台車（質量約１kg）を用いて実験を行い，以下の概念を形成します。

- ○ 力の向きと運動
    - 力の向き・・・「上り坂」「下り坂」「平らな面」で実験
- ○ 力の大きさ（斜面の角度，摩擦，空気抵抗）と運動
    - 摩擦・・・平らな面で，「摩擦のほぼない滑らかな木の板」と「摩擦の大きい人工芝」で実験
    - 空気抵抗・・・平らな面で，力学台車の前面にプラスチックダンボール（45cm×30cm程度）を貼って実験
- ○ 質量の大きさと運動
    - 平らな面で，加える力の大きさを変えずに，「力学台車１台（約１kg）」と「力学台車１台＋１kgの鉄アレイ（約２kg）」で実験

 質量の異なる２つの物体が斜面を下る運動について考え，理解する

以下のように，生徒の認識は揺らぎ，概念のつながりができはじめます。

- 質量が大きい方が速いのは当たり前だ！
- 今まで，質量が大きい方が速く下ったり，落ちたりするのは，当たり前だと思っていたが，違うかもしれないな…。
- 同時だ！ 台車が受ける力の大きさは違うはずなのに，なぜだろう？
- 質量が小さい方が慣性が小さいので，動きやすいはずだ！
- 真空中で質量が大きい鉄球と質量が小さい羽根を落下させると同時に落ちるって聞いたことがあるが，どのように関係しているのだろうか？
- 「力による影響」と「慣性による影響」で，同時に運動するのだ！

質量が異なる２つの物体が斜面を下る様子

 根拠となる力と慣性をワークシートに視覚化する

根拠となる力や慣性を次のように視覚化します。

根　拠	視覚化されたもの
物体が受ける力の大きさ	矢印の長さ
物体がもっている慣性の大きさ	物体を囲む枠の太さ

力や慣性の大きさを視覚化したもの

※ この視覚化に用いるペンは，書いて消すことができる色ペンを用いました。このことにより，検討していく中で考えに合わせて根拠を変更することができます。

第2章 「学びの再構成」の視点を活用した授業改善の実践集　45

5 学びの再構成を促す工夫を講じた授業の実際（第6～7時）

チェック☑―手だてを講じ，生徒が3つの資質・能力を相互に発揮できるようにしましょう！

○ 具体的な手だてとして，力の大きさと慣性の大きさが関連付いた物体の運動の様子を基に，空気抵抗などの力の大きい現実の場面に当てはめて考える活動を組織しました。
○ 生徒が，「力と運動」，「慣性と運動」に「空気抵抗と運動」も加えた3つの概念を基に，現実の世界での物体の運動を再構成しながら，構想した3つの資質・能力を相互に発揮できるようにします。

　新たな対象として，現実の場面での運動の様子を考える発問「現実の様々な場面でも，質量が大きくても小さくても，速さの変化の割合は変わらないのですか。その理由も合わせて説明しなさい。」を講じました。この発問により，「スキー，そり，ウォータースライダーなどの現実の場面では，確かに質量が大きい方が速いな。質量が大きくなっても速さが（ほぼ）変わらないという実験結果をどう考えればよいのだろうか？」「（第2時の）実験結果が同時なのだから，現実の場面でも速さは変わらないのだ。今までの『重いものは，速く落ちたり，下り坂を速く下ったりする』という考えは思い込みだったのだ。」など生徒は考え始めました。そして，以下のワークシートのように，「力と運動」，「慣性と運動」，「空気抵抗と運動」の3つの概念を関連付けて**（知識及び技能の発揮）（思考力・判断力・表現力等の発揮）**，現実の場面での物体の運動をとらえ直すという学びの再構成が促されました。

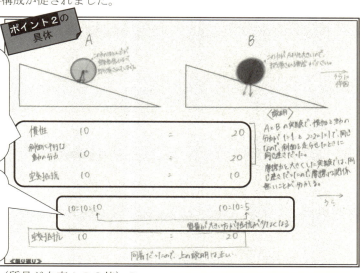

　質量の小さい力学台車（A）と質量の大きい力学台車（B）の「慣性の大きさ」「重力の斜面に平行な分力」「空気抵抗の大きさ」について，「比」を用いて表現している。

　「比」で考えると，質量が大きい物体の方が空気抵抗が少なくなる，つまり，空気抵抗による影響が少ないことを見いだしている。

　さらに，右の写真のように，台車B（質量が台車Aの2倍）の空気抵抗を2倍にして台車Aと台車Bを同時に到着させる確認のための実験をして，「もし，同時に到着したら，自分たちの考えが正しいと結論付けることができる」と考え，実践したグループがありました。このことは，条件を1つ変えて速さが違うものを基に，条件を2つ変えると速さが同じになるという仮説を立てており，「物体が受ける力が大きいほど速さの変わり方も大きいこと」，「物体の質量が大きいほど慣性が大きいこと」，「現実の場面では，空気抵抗などの力が物体の運動に大きな影響を及ぼすこと」の3つの概念のつながりが強くなっていることを示しています。その実験の結果，「同時である」ことを確認し，自分たちの考え方に自信をもつことができました。また，さらに探究してみたいこととして，日常の体験を想起**（学びに向かう力，人間性等の発揮）**し，「ウォータースライダーは実感がわくけれど，自転車はやったことが無いので，今度やってみたいです。」と記述した生徒がいました。

46　実践編

理科 （1年）	光の反射～反射と像の見え方～
	授業者　齋藤　大紀

学びの再構成を促す工夫のポイント（過程Ⅰのパターン）

ポイント1　素朴概念と科学概念にずれが生じる事物・現象について，見いだした複数の概念を関連付け，根拠を基に仕組みを探究させる働き掛け

ポイント2　自分の考えの根拠を視覚化できるワークシートを用いて，仮説やその根拠が違う生徒同士のグループで検討・検証させる働き掛け

1 単元における課題

課題　姿見鏡に全身が映るための条件は何だろうか。

　生徒が，姿見鏡に全身が映って見える条件について追究しました。身長よりも小さい姿見鏡に全身を映す方法について仮説を立て，検証のための実験とその結果を基に考察しました。その際，姿見鏡の床からの高さや姿見鏡の角度によって，映る像の見え方が変化する理由を，光の道筋を作図することによって視覚化して説明しました。

2 単元の計画（全9時間）

主な学習活動・学習内容
第1時：　光の反射の法則を見いだす活動 　○　鏡面に様々な角度で光を当てる実験から，光が反射する際には，入射角と反射角が等しくなることを見いだす。
第2～3時：　鏡に映る像の見え方の規則性を見いだす活動 　○　鏡の前に位置を変えて鉛筆を立てて置き，置く位置と像の位置の関係を調べる。 　○　左右非対称の物体を鏡の前に置き，像の見え方を調べる。 　○　鏡の前に置いた物体と見える像が，左右が反転すること，鏡を対象軸とした線対称の位置に見えることを，光の道筋を作図して説明する。
第4時：　全身が映って見えない，身長よりも小さい姿見鏡の提示 　○　120cmの姿見鏡から1m離れて立ち，全身が映って見えないことを知る。 　　＜本単元における課題＞ 　　　姿見鏡に全身が映って見えるための条件は，何だろうか。
第5～6時：　姿見鏡からの距離を大きくしたときについての追究活動 　○　姿見鏡から離れて立つと全身が映って見えるという予想を基に，確認実験を行う。 　　→　いくら距離を大きくしても姿見鏡に映って見える像は変わらない。 　○　姿見鏡との距離を変えたときに，全身が映って見えない仕組みを光の道筋の作図で説明する。
第7～8時：　姿見鏡の「床からの高さ」と「角度（傾き）」を変えたときについての追究活動 　○　光の道筋の作図を基に，「高さ」や「角度」をどのくらいにすれば全身が映って見えるかを予想し，確認実験を行う。 **実際の授業**（学びの再構成を促す工夫を講じた授業） 　○　「高さ」を変えても，「角度」を変えても全身が映って見えたことから，姿見鏡に全身を映して見るための条件を見いだす。 　　→　「高さ」と「角度」を変えたときの共通点および「距離」を変えたときとの相違点に着目させる。
第9時：　40cmの鏡で全身を映して見える方法を考える活動 　○　40cmの鏡で，全身を映して見ることができる高さと角度を光の道筋の作図によって見いだす。

3 単元における学びの再構成を促す工夫の構想

チェック☑─授業者が再構成までの過程を構想しましょう！

○ 事前に構成してきた「光の性質」「鏡と虚像」「物体が見える仕組み」など概念が，鏡に全身を映して見るための条件という新たな視点から関連付けられていく再構成の過程を通して，生徒が資質・能力をどのように発揮していくかを構想します。

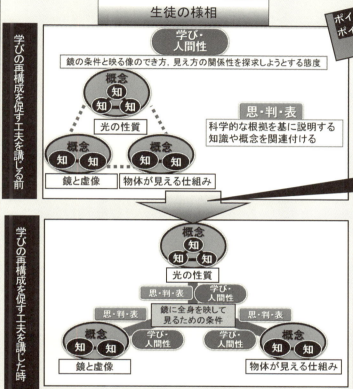

教師の働き掛け

光の性質，鏡に虚像が映る仕組み，物体が見える仕組みなどの知識や概念を関連付けるために，新たな対象として，距離を変えても姿見鏡に全身が映って見えない現象を提示し，以下のように問う。

＜発問＞
なぜ，遠ざかっても全身が映って見えないのですか。作図を用いて説明しなさい。
また，どうすれば全身が映って見えるのか，その方法を予想しなさい。

○ 光の道筋を作図して視覚化することで，鏡との距離が変わっても全身が映って見えないことを説明できた生徒は，「姿見鏡の高さを変える」または「姿見鏡の角度を変える」という方法の根拠を光の道筋の作図で示そうとし，学びの再構成が促される。

教師の働き掛け

高さ及び角度を変えた実験結果を光の道筋で視覚化できるワークシートを提示し，全身が映って見える仕組みを説明させる。

予想した方法で検証のための実験を行った後に，異なる方法で検証した生徒同士で互いの仮説と検証結果を説明し合う活動を組織する。

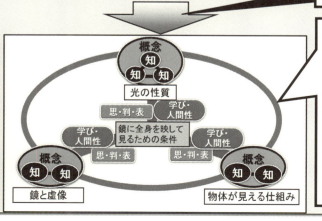

学びの再構成をした姿

再構成─鏡に映る虚像が見える仕組み
○ 生徒は，2つの異なる方法で全身が映って見えるという事実から，この2つの方法に共通することに着目する。そして，光の性質，鏡に虚像が映る仕組み，物体が見える仕組みなどの知識や概念を関連付けて再構成する。

48　実践編

4 学びの再構成を促す工夫を講じるまで

チェック☑─再構成に必要な知識・技能を焦点化し，構成できるようにしましょう！

○ 「光の性質」「鏡と虚像」「物体が見える仕組み」などの概念を系統的に構成する単元構成としました。
○ 生徒がもつ，「姿見鏡からの距離を大きくすれば全身が映って見える」という素朴概念を表出させ，姿見鏡からの距離を大きくしても全身が映って見えない事実から，「光の道筋の作図」による説明の有効性を見いだすようにしました。

ポイント1の具体　光の反射の法則，反射による虚像の見え方の規則性を見いだす活動

＜本単元の前段階＞
「物体が見える仕組み」，「光の性質（直進及び屈折）」に関する概念を実験を通して見いだし，構成している。

  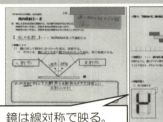 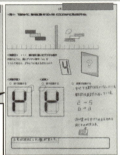

「光の性質」「鏡と虚像」「物体が見える仕組み」に関する概念を実験を通して見いだし，構成する。

鏡は線対称で映る。
距離も反対になる。
数字では反対になる。

光に関する知識をつなぎ，「光の性質」「鏡と虚像」「物体が見える仕組み」の概念を構成

ポイント1・2の具体　光の道筋の作図で現象を説明する活動

鏡に映る像は，なぜ，鏡を軸とした線対称の位置に見えるのか。

鏡に映る像は，なぜ，左右が逆転して見えるのか。

物体から出た光が鏡に反射して目に入る。
人は，光が進んできた方向に物体が見えてしまう。

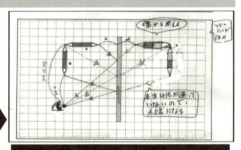

「光の道筋の作図」で視覚化して現象を説明

ポイント1の具体　120cmの姿見鏡に全身を映して見る方法『距離を大きくする』を検証する活動

  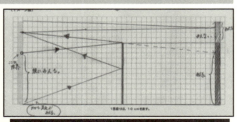

鏡との距離を変えても全身が映って見えないことを実験で確認。
その理由を「光の道筋の作図」を用いて説明する。

足元からの光は目に届くが，頭からの光は鏡に反射しないことを「光の道筋の作図」で説明

5 学びの再構成を促す工夫を講じた授業の実際（第8時）

チェック☑─手だてを講じ，生徒が3つの資質・能力を相互に発揮できるようにしましょう！

○ 具体的な手だてとして，「高さを変える」「角度を変える」方法での確認実験を行い，その結果をワークシートに「光の道筋の作図」を用いて説明する活動を組織しました。

○ 生徒が「高さを変える」「角度を変える」の2つの方法で，姿見鏡に全身を映すことができた結果を，光の道筋の作図で説明し合うことで，「姿見鏡に全身を映して見るための条件」を視点に，これまでの学習内容を再構成しながら，構想した3つの資質・能力を相互に発揮できるようにします。

ポイント2の具体

- 個で，「高さを変える」「角度を変える」かを選択し，どのくらい変えれば全身が映って見えそうかを予想する。

- 同じ方法を選んだグループで，どのくらい変えれば全身が映って見えそうか，具体的な数値を予想し，検証のための実験を計画する。

- それぞれの方法で，全身が映って見える具体的な数値を実験で確認する。その結果をもとに，ワークシートに「光の道筋の作図」を用いて説明する。

- 「高さを変える」「角度を変える」と全身が映って見え，「距離を変える」では，全身が映って見えないことから，それぞれの「光の道筋の作図」を比較して，共通点や相違点に着目する。そして，「姿見鏡に全身が映って見える条件」を見いだす。

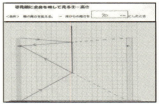

どちらも，頭から出た光とつま先から出た光の両方が，鏡に反射して自分の目に入ってきている。
距離を大きくしたときは，頭から出た光の反射点が鏡面上になかった。

　生徒は，「距離を変えても，姿見鏡に全身が映って見えない」という事実から，その現象の仕組みを「光の道筋の作図」を根拠に説明します。そして，姿見鏡に全身を映して見るための方法として，「鏡の高さを変える」「鏡の角度を変える」についても「光の道筋の作図」を用いて予想します。そこで，「『高さ』『角度』がどのくらいの範囲だと，全身を映して見ることができそうですか。」と問います。この発問によって，「光の道筋の作図」を用いて，「光の性質」「鏡と虚像」「物体が見える仕組み」などの概念を相互に関連付け，科学的な根拠を基に現象を予想し，説明する（**知識及び技能の発揮**）（**思考力・判断力・表現力等の発揮**）という学びの再構成が促されました。

　その後，「さらに小さな40cmの鏡で全身を映して見るには，鏡をどのように設置すればよいか」と問うたところ，生徒は「高さと角度をどちらも変えて組み合わせればよい」と考え，その具体的な位置と角度を作図によって見いだすことができました。

　また，単元末に行った振り返りでは，「家の壁に取り付けてある鏡の大きさや床からの高さが，なぜその位置なのかが分かった。身のまわりの鏡が，何を映すために設置されているのか考えながら見てみたい。」との記述があり，日常生活とのつながりに着目し，学びを実生活に生かそうとする姿（**学びに向かう力，人間性等の発揮**）がありました。

思いを声に（ゴスペル）

授業者 **和田 麻友美**

> **このポイントを大切に！**
> **学びの再構成を促す工夫のポイント（過程Ⅰのパターン）**
>
> **ポイント1** ― 音楽がつくられた背景を知ったり，歌い方を身に付けたりさせる働き掛け
> **ポイント2** ― 相互評価させ，音楽の特徴を観点として仲間からの助言からさらに自分たちの思いが伝わる表現を工夫させる働き掛け

1 題材における課題

課 題 自分たちの思いを込めたゴスペルにするためにはどのように歌うとよいだろうか。

　生徒はゲストティーチャー（以後ＧＴ）の演奏を聴いたり，ゴスペルが発展してきた歴史的背景，どのような思いをもって歌っているのかなどの話を聞いたりして，ゴスペルの特徴を見いだします。生徒は，自分たちの演奏について，今までの鑑賞やＧＴから学んだゴスペルの特徴と歌詞の内容を自分の思いと関連付けながら「自分たちの Oh Happy Day」を表現することについて考えました。

2 題材の計画（全5時間）

おもな学習活動・学習内容
第1時： 自分の今までの合唱を想起する活動 　　○ 合唱をする時に，大切にしていること，気をつけていることをシートに記入する。 ゴスペルを知る活動 　　○ 映画「天使にラブソングを2」を部分視聴し，登場した歌手が歌うときにどのような思いをもっているのか考える。 　　○ 劇中の「Hail　Holy　Queen」の同じ歌詞の賛美歌部分とゴスペル部分を比較聴取する。 　　○ ゴスペルの生まれた歴史的背景を知る。 　　○ ゴスペルの特徴を知る（発声，コール＆レスポンス，ボディアクション） 　【本題材における課題】 　自分たちの思いを込めたゴスペルにするためにはどのように歌うとよいだろうか。
第2時： ＧＴのゴスペルを聴く活動 ＧＴとゴスペルを歌う活動 　　○ ＧＴがどのような思いで歌っているのか話を聞く
第3時： グループに分かれ，「自分たちの Oh Happy Day」になるように表現の工夫する活動 　　○ 自分たちの"Happy Day"の情況を基に表現を工夫する 　　○ タブレットで演奏を撮りため，ＧＴの演奏や自グループの演奏と比較して，改善点を見いだし，試行する
第4時： 他グループに発表し，思いが伝わるような表現か助言し合い，再度表現の工夫を試行する活動　　**実際の授業**（学びの再構成を促す工夫を講じた授業） 　　○ 相手グループがどのような思いを表現しようとしているのか感じたことを付せんに記入し，渡す。 　　○ ゴスペルの特徴や思いをかかわらせて助言する。
第5時： 全体でグループの演奏を発表する活動

3 題材における学びの再構成を促す工夫の構想

チェック☑―授業者が再構成までの過程を構想しましょう！

○ 事前に学習したゴスペルの特徴「発声」「コール＆レスポンス」「ボディアクション」を観点に相互評価して得た助言から、歌詞と自分たちの思い、ゴスペルの特徴を関連付けて思いを込めた歌い方を再構成していく過程を通して、生徒が資質・能力をどのように発揮していくか、構想します。

生徒の様相

学びの再構成を促す工夫を講じる前

- 学び・人間性：ゴスペルの特性を感じ取り、自分の伝えたい思いを豊かに表現しようとする態度
- 知・技：特有の発声
- 知・技：コール＆レスポンス
- 知・技：ボディアクション
- 思・判・表：思いを込めた音楽表現の創意工夫

（ポイント1とポイント2の視点）

教師の働き掛け

新たな対象として「伝えたい自分たちの思いに対する他者のとらえ」を提示し、他者から伝えたい思いが伝わったかどうか助言を基に、演奏を客観的に評価する活動を組織する。

＜発問＞
グループで共有した「自分たちの Oh Happy Day」を表現できるためには、どのような改善が必要ですか。グループで検討しなさい。

学びの再構成を促す工夫を講じた時

- 知・技：特有の発声 → 音色？
- 思・判・表／学び・人間性：思い
- 知・技：コール＆レスポンス → 構成？
- 思・判・表／学び・人間性
- 知・技：ボディアクション → リズム？

○ 例えば、「仲間と過ごす楽しい日々への感謝」を表現したい生徒は、他のグループからの助言を踏まえて、ゴスペルの特徴であるボディアクションについて演奏の工夫を再考し始め、学びの再構成が促される。

学びの再構成を促す工夫を講じた後

- 知・技：特有の発声 → 音色
- 思・判・表／学び・人間性：思い
- 知・技：コール＆レスポンス → 構成
- 思・判・表／学び・人間性
- 知・技：ボディアクション → リズム
- 再構成：思いを込めた歌い方

学びの再構成をした姿

再構成―思いを込めた歌い方

○ グループで「自分たちの Oh Happy Day」の演奏を評価して試行する際、歌詞の内容を自分たちの思いとゴスペルの特徴を基にした音楽を形づくっている要素（音色、構成、リズム）の働きとを関連付けて、演奏を工夫することができる。

4 学びの再構成を促す工夫を講じるまで

チェック☑─再構成に必要な知識・技能を焦点化し，構成できるようにしましょう！

○ ゴスペルが歌われるようになった歴史的背景を学習したり，GTや映画のモデル演奏を聴いたりすることで「発声」「コール＆レスポンス」「ボディアクション」を特徴として見いだしました。
○ 自分たちの思いが込められた「自分たちの Oh Happy Day」を表現するために，歌詞の内容を自分の情況で考え，歌詞の理解や自分たちの思いの共有が深まるようにしました。

映画鑑賞をしたりGTと一緒にゴスペルを歌ったりする活動

映画で賛美歌部分とゴスペル部分を比較聴取する

○ 技術も大切だけど，自由に楽しんで歌うのも大切
○ 一人がリードして，後の人たちが，何層にも重なって追いかけるように歌っている（コール＆レスポンス）

GTと一緒にゴスペルを歌う活動

お腹に力を入れて，しっかりと口を開けて歌うといいのだな。合唱の時とは，少し発声の仕方が違うな。

手拍子やステップなどのボディアクションをつけて歌うのも1つの特徴なのだな。

・ ゴスペルの特徴（発声，コール＆レスポンス，ボディアクション）
・ ゴスペルの歌い方

『Oh Happy Day』の歌詞の内容に自分たちの思い込めて，表現の工夫を行う活動

学校に毎日行けて，哀歓を仲間とともにしながら過ごすことは，とても幸せなことだよね。このことをゴスペルで表現しよう。

どのように表現を工夫すると，思いが伝わるゴスペルになるかな。

自分たちの伝えたい思い（自分たちの Oh Happy Day）をグループで共有

第2章 「学びの再構成」の視点を活用した授業改善の実践集　53

5 学びの再構成を促す工夫を講じた授業の実際（第4時）

チェック☑—手だてを講じ，生徒が3つの資質・能力を相互に発揮できるようにしましょう！

○ 具体的な手だてとして，グループ間で相互評価し，ゴスペルの特徴を観点に助言を記入した付せんを交換させます。

○ 自分たちの表現したい思いと他者のとらえのずれから，思いを込めた歌い方の工夫を再構成しながら，構想した3つの資質・能力を相互に発揮できるようにします。

ポイント2の具体　グループ間で相互評価し，助言を基に検討し，試行する活動

相手のグループの演奏を聴いて，助言を付せんに記入し交換したり，タブレットで自分たちの演奏を記録したりすることで，自分たちの演奏を客観的にとらえる。そして，改善点を踏まえ，よりよい演奏を目指して，検討し，試行していく。

新たな対象として，「伝えたい自分の思いに対する他者のとらえ」を提示し，他者から伝えたい思いが伝わったかどうか助言をもらい，演奏を客観的に評価する活動を組織しました。この活動により，ゴスペルの特徴（発声，コール&レスポンス，ボディアクション）を観点に他者からの助言や自分たちの思いを関連付けて（**思考力・判断力・表現力等の発揮**），音楽を形づくっている要素の働きに着目して改善点を検討し，試行するという学びの再構成が促されました。

・ボディアクション（手拍子・ステップ）を大きくすることで，笑顔になる→楽しさが伝わる

授業を通して，歌詞の内容を自分たちの思いとゴスペルの特徴を基にした音楽を形づくっている要素（音色，構成，リズム）の働きとを関連付けて演奏を工夫し，思いを込めた歌い方を再構成していきました（**知識及び技能の発揮**）（**思考力・判断力・表現力等の発揮**）。

生徒は思いを込めた歌い方について，「細かな技術だけでなく，自分たちが笑顔で歌ったり，メリハリをつけて歌ったりすることで，自分たちで楽しさを表現したい」という態度の表れもありました（**学びに向かう力，人間性等の発揮**）。以下は生徒の振り返りカードの記述です。

○ 相手に「楽しい」を伝えるためには，まず自分から楽しくなることが大事だと思った。
　そのために→　ボディアクションを大きくする
　　　　　　　コール&レスポンス，発声を中途半端にしない。
　　　　　　　盛り上がるところと静かにするところを区別することで，「哀歓」を表現することができる。

○ この活動を通して，笑顔になることが多かったことは，Oh Happy Day の活動が価値あるものだったからだと考える。ボディアクションをするだけ，では意味がないことを感じた。「手拍子をしよう！」ではなく，歌っていて自然と出てくるものなのではないかと思う。

54　実践編

美術 （2年）	アートプロジェクト・水と土の芸術祭
	授業者　田代　豪

学びの再構成を促す工夫のポイント（過程Ⅱのパターン）

ポイント1 ── 作品がつくられた場所や時代，歴史，目的などといった社会的な文脈から作品をとらえる働き掛け

ポイント2 ── 実際に作品を鑑賞したり，鑑賞レポートをつくったりして，自分なりの価値意識をもって作品を解釈した生徒に，自身の作品の疑問点を他者と共有させる働き掛け

1 単元における課題

課題　アートプロジェクトによる作品のよさや意味は何だろう

「水と土の芸術祭2018」※万代島多目的広場に展示された作品の疑問点をグループで明らかにし，作品の意図を推察していくことを通して，アートプロジェクトによる作品の見方や感じ方を広げ深めていく鑑賞活動を行いました。

※　2009年から始まった新潟市主催の芸術祭。「私たちはどこから来て，どこへ行くのか～新潟の水と土から，過去と現在（いま）を見つめ，未来を考える～」という継続する基本理念のもと3年に1度開催されている。

2 単元の計画（全5時間）

主な学習活動・学習内容
第1時　：　アートプロジェクトについて知る活動 　　○　展示地域のもつ意味から内海昭子『たくさんの失われた窓のために』を知る。 　　○　展示場所の意味と展示物の意味を関連付けて，高橋伸行『やさしい美術プロジェクト』を知る。
第2～3時：「水と土の芸術祭2018」の鑑賞活動 　　○　「水と土の芸術祭2018」新潟市多目的広場に展示された作品を鑑賞する。 　　　　＜本単元における課題＞ 　　　　　アートプロジェクトによる作品のよさや意味は何だろう。 　　○　8作品を読み解くための手掛かりと疑問点をレポートにまとめる。 　　○　作品を見て感じて疑問に思ったことを書籍やタブレット端末で調べる。 　　○　展示作品を読み解くポイントを共有する。
第4時　：　展示作品を読み解く活動 　　○　8点の展示作品から自分の興味の引いた作品を3点選び，読み解く。 　　○　読み解きで関連付けられなかった疑問点についてまとめる。
第5時　：　万代島多目的広場の作品について批評する活動
○　選んだ作品について疑問点を出し合い，グループ内で解釈を検討する。 　　○　グループ内での批評を踏まえて，自分の作品の解釈について加筆・修正する。

3 単元における学びの再構成を促す工夫の構想

チェック☑ー授業者が再構成までの過程を構想しましょう！

○ 「造形の要素（形，色彩，材料，空間の効果）」と社会的な文脈となる「『水と土の芸術祭2018』の理念（地水火風，生命）」「新潟市の歴史」を関連付けられていく再構成の過程を通して，生徒が資質・能力をどのように発揮していくかを構想します。

生徒の様相

学びの再構成を促す工夫を講じる前

- 学び・人間性：美術が生活や社会の中で果たす役割を理解しようとする態度
- 知識：造形の要素（形，色彩，材料，空間の効果）
- 知識：新潟の歴史・文化
- 知識：芸術祭の理念
- 思・判・表：作品の見方や感じ方を深める

ポイント1とポイント2の視点

教師の働き掛け

作品にかかわりのある社会的な文脈を見いだし，複数の造形の要素と関連付けて，アートプロジェクトによってつくられた作品をとらえるために，以下の発問を行う。

＜発問＞
作品を読み解くために手掛かりになりそうなことは何ですか。写真で撮影しなさい。

学びの再構成を促す工夫を講じた時

- 知識：造形の要素（形，色彩，材料，空間の効果）
- 思・判・表／学び・人間性：作者の表現の意図
- 思・判・表／学び・人間性／知識：新潟の歴史・文化
- 思・判・表／学び・人間性／知識：芸術祭の理念

○ 作品の疑問点から自分の解釈が揺さぶられ，芸術祭の理念，造形の要素，新潟の歴史や文化の新たなつながりに気付き，学びの再構成が促される。

教師の働き掛け

自分なりの価値意識をもって作品を解釈した生徒に，異なる意見をもった生徒同士をグルーピングし，互いの意見を批評する活動を組織する。

＜発問＞
作品の疑問点は何ですか。グループ内で明らかにしなさい。

学びの再構成を促す工夫を講じた後

- 知識：造形の要素（形，色彩，材料，空間の効果）
- 思・判・表／学び・人間性：作者の表現の意図
- 思・判・表／学び・人間性／知識：新潟の歴史・文化
- 思・判・表／学び・人間性／知識：アートプロジェクトによる作品の見方・感じ方
- 思・判・表／学び・人間性／知識：芸術祭の理念

学びの再構成をした姿

再構成―アートプロジェクトによる作品の見方・感じ方

○ 作品の疑問点に対する答えを推察することを通して，芸術祭の理念を踏まえながら，作品の造形の要素と，社会的な文脈を新たに関連付け始めていく。

4 学びの再構成を促す工夫を講じるまで

チェック☑―再構成に必要な知識・技能を焦点化し，構成できるようにしましょう！

○ アートプロジェクトによる作品の見方を知識として構成するために，造形の要素だけでは読み取れない作品を提示し，「社会的な文脈」から作品を読み読み解きました。

○ 実際に作品を見て，体感して，作品を読み解く際に手掛かりになりそうなことを写真で撮影し，写真レポートとして，気付いたことや疑問点をまとめました。

ポイント1の具体　造形の要素だけでは読み解けないアートプロジェクトによってつくられた作品の鑑賞活

「鉄枠にカーテンのようなものが取り付けられている。この作品はよさや意味は何だろう？」

内海昭子「たくさんの失われた窓のために」

展示される場所の社会的な文脈から作品を読み解く

【社会的な文脈】　中魚沼郡津南町　豪雪　豊かな自然　中越大震災　過疎高齢化

第一印象による読み解き

社会的な文脈からの読み解き

造形の要素（空間の効果）と社会的な文脈の関連付け

ポイント2の具体　アートプロジェクトによってつくられた作品を実際に展示場所で鑑賞する活動

作品を読み解く手掛かりを写真で撮影する

写真レポート

【キーワード】
○ 造形の要素（形，色彩，材料，空間の効果）
○ 社会的な文脈（芸術祭の理念「地水火風，生命」，作家が注目した新潟らしさ）

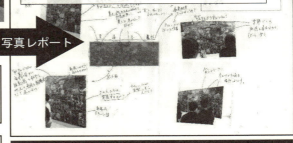

「まるで台風の目のように中心に空間がつくられている」

「どうしてわざわざビニールをしわしわにしたんだろう」

「新潟らしさはどこにあるんだろう」

作品から気付いた造形の要素，社会的な文脈，疑問点などを整理，分析

5 学びの再構成を促す工夫を講じた授業の実際（第5時）

チェック☑ー手だてを講じ，生徒が3つの資質・能力を相互に発揮できるようにしましょう！

○ 自分の写真レポートを持ち寄り，気付いたことや疑問点を共有しました。グループ内で出された意見や疑問点，それらの特徴が顕著に表れている写真を模造紙にまとめさせました。
○ 芸術祭の理念を踏まえながら，造形の要素と社会的な文脈を関連付けて，疑問点に対する解釈を検討させ，模造紙に記録させました。

ポイント2の具体

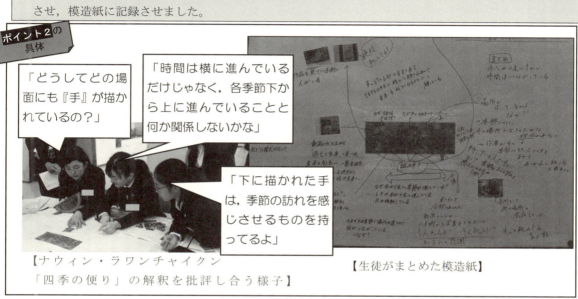

「どうしてどの場面にも『手』が描かれているの？」

「時間は横に進んでいるだけじゃなく，各季節下から上に進んでいることと何か関係しないかな」

「下に描かれた手は，季節の訪れを感じさせるものを持ってるよ」

【ナウィン・ラワンチャイクン「四季の便り」の解釈を批評し合う様子】　【生徒がまとめた模造紙】

　異なる意見をもった生徒同士をグルーピングし，互いの意見を批評する場面を設定しました。そこで新たな対象として，「作品の疑問点は何ですか。グループ内で明らかにしなさい」という発問を講じました。この発問により，作品の疑問点に対する解釈を推察することを通して，アートプロジェクトによる作品の見方・感じ方が揺らぎました。これにより生徒は，芸術祭の理念「地（土），水，火，風（大気），生命」を踏まえながら，作品の造形の要素（形，色彩，材料，空間の効果）と，社会的な文脈（作家が着目した新潟らしさ）を新たに関連付け，アートプロジェクトによる作品の見方・感じ方を再構成しました。そして，**新たな自分なりの価値意識をもって，作品を解釈し直していることがわかりました（知識及び技能の発揮）（思考力・判断力・表現力等の発揮）**。生徒はグループ内の検討を経て，次のように作品に描かれた手について解釈しました。

○ 5つの手の内1つは，バラを持っている手だけは絵の中からこちら側に出してある。見ている人，協力してくれた人に感謝している。残りの4つの手は，たぶん亡くなった人を表している。この絵の中にはすでに亡くなった人もいるので，亡くなった人たちの思い出の品を持っているのではないか。

　さらに，単元末の振り返りの記述には，**生活や社会の中での美術や美術文化と関わる内容もありました（学びに向かう力，人間性等の発揮）**。

○ （水と土の芸術祭の作品は）現代の人間の欲望や発展する新潟や地球で存在するものに対して作者の思いを作品を見る人に問い掛けるような形でつくっている。また，直接的に作者がどういう作品だというのがタイトルで説明されているわけではない。見ている人にじっくり何の出来事のことを表している作品なのか，その出来事で何が起こっているのか，自分たちは何ができるのかといった未来へのメッセージなどを表していると感じた。

58　実践編

保健体育（3年）　球技 ゴール型 タグラグビー

授業者　倉嶋 昭久

学びの再構成を促す工夫のポイント（過程Ⅱのパターン）

- ポイント1 — コートやルールを変更し，目的や状況に合わせた動き方を見いださせる働き掛け
- ポイント2 — タブレット端末で撮影したゲーム映像を観点を基に分析させ，動き方を修正させていく働き掛け

1 単元における課題

課題　相手の守備をかわしてトライしたり，相手にトライさせないように守備をしたりするには，どのように連携して動けばよいのだろうか。

生徒がタグラグビーでゲームでの試行とチームミーティングでの分析を繰り返しながら，よりよい動き方を追究しました。ルールやコートなどの条件が変わったゲームの活動を通して，チームの攻撃・守備の目的を踏まえた動き方や役割の特徴，相手の特徴などを関連付けて，目的や状況に応じた動き方を見いだしていきました。

2 単元の計画（全15時間）

	主な学習活動・学習内容
第1時：	ラグビーというスポーツを知って経験する活動 ○ モデル映像（15人制ラグビー，7人制ラグビー，タグラグビー）を視聴したり，ラグビーボールを使った体ほぐしの運動をしたりする。
第2時：	パスや動き方について知る活動 ○ 新潟大学ラグビー部の学生からパスの仕方や動き方を教えてもらう。
第3時〜	基本的技能練習としてパス練習，対人プレイ練習をウォーミングアップで行う活動 ○ パス練習（対面パス・円陣パス・ランニングパス）と対人プレイ練習（カットイン・スワーブ・チェンジオブペース・ダミーパス）をウォーミングアップを兼ねて行う。
第3〜4時：	これまでの技能で試しのゲームを行い，一人一人の動き方を確認する活動 ○ 縦22m，横9mのコートで4対4のゲームを行い，そのゲームをタブレット端末で動画撮影を行う。その後，チームミーティングで自分たちや相手チームがどのように攻めたり守ったりしているのかを確認する。
第5時：	大学生との試しのゲームⅡを行う活動 ○ 大学生チームとゲームを行い，大学生にプレイの秘訣などを聞く。その後，自分たちと大学生との違いをまとめる。その中で，プレイ分析の観点（ボールの運び方・役割に応じた動き方）を全体で見いだす。 <本単元における課題> 　相手の守備をかわしてトライしたり，相手にトライされないように守備をしたりするには，どのように連携して動けばよいのだろうか。
第6時〜	連係プレイ練習を行う活動 ○ 連係プレイ練習（クロス・ダミークロス・とばしパス・ブラインド攻撃・くるり攻撃）をウォーミングアップを兼ねて行う。
第7〜10時：	ゲームⅠとチームミーティングで動き方の試行と分析を行う活動 ○ ゲームを行い，その後，観点を基に分析を行う。
第11〜12時： **実際の授業** （学びの再構成を促す工夫を講じた授業）	ゲームⅡとチームミーティングで動き方の試行と分析を行う活動 ○ 縦28m，横11mのコートで4対4のゲームを行う。その後，観点を基に分析を行い，どのように動きを修正していくのかをチームミーティングで確認する。
第13〜15時：	ゲームⅡでリーグ戦を行う活動 ○ 高まった技能でリーグ戦を行う。

第2章 「学びの再構成」の視点を活用した授業改善の実践集　59

3 単元における学びの再構成を促す工夫の構想

チェック☑―授業者が再構成までの過程を構想しましょう！

○ 事前に構成してきた「基本的技能」「チームの攻撃・守備の目的を踏まえた動き方」「一人一人の特徴に合わせた動き方」などの知識・技能が，これまでの条件から変更されたゲームの中で再度，関連付けられていく再構成の過程を通して，生徒が資質・能力をどのように発揮していくかを構想します。

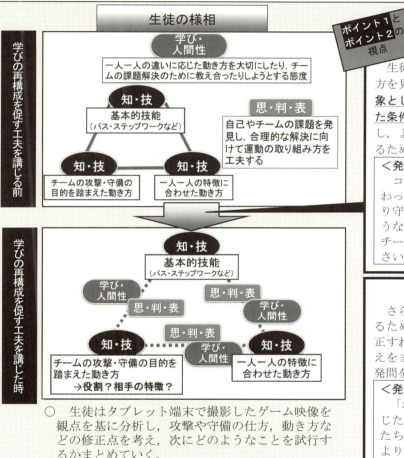

学びの再構成を促す工夫を講じる前

ポイント1とポイント2の視点

教師の働き掛け
生徒が目的や状況に応じた動き方を見いだせるように，<u>新たな対象として，通常のルールに基づいた条件変更をしたゲームを提示</u>し，よりよい動き方を見いださせるために，以下の発問を講じる。

＜発問＞
コートの大きさやルールが変わった中で，よりよく攻撃したり守備したりするには，どのような動き方をすればよいのか，チームミーティングで確認しなさい。

学びの再構成を促す工夫を講じた時

○ 生徒はタブレット端末で撮影したゲーム映像を観点を基に分析し，攻撃や守備の仕方，動き方などの修正点を考え，次にどのようなことを試行するかまとめていく。
○ チームの攻撃・守備の目的と役割，相手の特徴との関係に着目し始め，学びの再構成が促される。

教師の働き掛け
さらによりよい攻撃や守備をするために，動き方をどのように修正すればよいのか，自分たちの考えをまとめさせるために，以下の発問を講じる。

＜発問＞
「ボールの運び方」「役割に応じた動き方」を観点として自分たちの動き方を分析し，さらによりよい動き方にするには，どのように修正すればよいのか，ワークシートに描いた自分たちの動き方を修正しなさい。

学びの再構成を促す工夫を講じた後

学びの再構成をした姿
再構成―目的や状況に応じた動き方
○ 生徒は，チームの攻撃・守備の目的や役割を踏まえた動き方と相手に応じた動き方を試行や分析を行いながら，メンバーの特徴と関連付けて考え，「目的や状況に応じた動き方」を見いだしていく。

4 学びの再構成を促す工夫を講じるまで

チェック☑―再構成に必要な知識・技能を焦点化し，構成できるようにしましょう！

○ 「基本的技能」「チームの攻撃・守備の目的を踏まえた動き方」「一人一人の特徴に合わせた動き方」を大切な知識・技能として構成するために，コートとルールを工夫して，攻撃・守備の目的をはっきりとさせ，基本的技能の定着を図るようにしました。

○ ゲーム分析する際に，どこをどのように修正すればよいか明確にできるように，「ボールの運び方」「役割に応じた動き方」という観点を全体で共有しました。

ポイント1の具体 コートやルールを工夫したゲームⅠの活動

【ゲーム共通ルール】（附属新潟中特別ルール）

○ 相手コートゴールエリアにボールを運べば1点とする。ゴールエリア内の地面にボールを置く必要はない。
○ 相手にタグを取られた場合，すぐにボールをパスしなければならない。
○ 相手のタグを取った守備者は，そのタグを手渡しで返す。その間，プレイすることはできない。また，攻撃者もタグを取られたら，そのタグをもらわない限り，プレイできない。

【ゲームⅠ特別ルール】

○ 攻撃チームは，自コートのゴールラインから，味方にフリーパスをして始める。その際，守備チームは，守備側コート内に入っていなければならない。
○ 攻撃と守備は，交互に行う。ボールを奪ったとしても，その場からすぐにプレイすることはできず，自コートのゴールラインに必ず戻らなければならない。
○ コートからボールが出てしまった場合，自チームボールであれば，ボールが出た場所からのフリーパスで再開する。守備側は5m離れなければならない。相手ボールであれば，相手チームの攻撃で再開する。

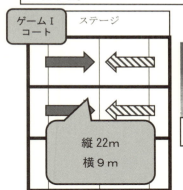

大学生から基本的技能を教わる → ゲームⅠで繰り返し試行する

→ 基本的技能を習得する

ポイント2の具体 動きの試行と観点を基にした分析を繰り返す活動

ゲームで試行する → 観点を基に分析・修正する → ゲームで再試行する

→ チームの攻撃・守備の目的を踏まえた動き方を考える　一人一人の特徴に合わせた動き方を考える

第2章 「学びの再構成」の視点を活用した授業改善の実践集　61

5 学びの再構成を促す工夫を講じた授業の実際（第12時）

チェック☑─手だてを講じ，生徒が3つの資質・能力を相互に発揮できるようにしましょう！
- 具体的な手だてとして，これまでのコートの大きさとルールを変更し，広いコートで攻守が入り交じるゲームの中で，よりよい動き方を見いださせるための発問を講じました。
- 生徒が目的や状況に応じた動き方を再構成しながら，構想した3つの資質・能力を相互に発揮できるようにします。

ポイント1の具体

【ゲームⅡ特別ルール】
- 攻撃チームは，センターラインから，味方にフリーパスをして始める。その際，守備チームは，守備側コート内に入っていなければならない。
- ボールを持っているチームが攻撃側となる。ボールを奪った場合，その場から攻撃に転じてよい。リセットはかからない。
- コートからボールが出てしまった場合，ボールが出た場所から，出した反対側のチームのフリーパスで再開する。フリーパスをしないチームは5m離れなければならない。

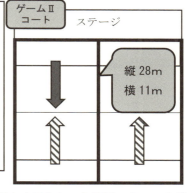

ゲームⅡコート　ステージ　縦28m 横11m

広がってこのスペースを使ってみよう

　これまでのゲームⅠは，攻撃と守備を交互とし，守備側のチームはボールを奪った場合，自コートのゴールラインに戻り，相手の守備態勢が整ってから攻撃を始めるルールとしていました。これは，攻撃と守備を明確に分けることにより，攻撃・守備の目的をはっきりとさせること，基本的技能の定着を図ることをねらいとしていました。
　そして，この時間では新たな対象として，通常のルールに基づいた条件変更をしたゲームⅡを提示し，よりよい動き方を見いださせる発問として，「コートの大きさやルールが変わった中で，よりよく攻撃したり守備したりするには，どのような動き方をすればよいのか，チームミーティングで確認しなさい」を講じました。その後，ゲームⅡを行い，さらによりよい攻撃や守備をするために，動き方をどのように修正すればよいのかを見いださせる発問として，「『ボールの運び方』『役割に応じた動き方』を観点として自分たちの動き方を分析し，さらによりよい動き方にするには，どのように修正すればよいのか，ワークシートに描いた自分たちの動き方を修正しなさい」
を講じました。この発問により，チームの攻撃・守備の目的だけでなく，役割や相手の特徴の関係に着目し始め（**思考力・判断力・表現力等の発揮**），学びの再構成が促されました。
　授業を通して，生徒が「目的や状況に応じた動き方」を再構成し，合理的な解決に向けて思考し判断しながら，技能を身に付けていっていることがわかりました（**知識及び技能の発揮**）（**思考力・判断力・表現力等の発揮**）。球技種目に苦手意識のあった生徒は，単元末に次のように振り返りました。記述には，タグラグビーの特性と自分の特徴とを関連付けて考えたことを，他の球技種目でも同じようにやっていきたいという，運動に親しむ態度の表れもありました（**学びに向かう力，人間性等の発揮**）。

- 今まで，ボールを投げる系の球技は苦手意識が強く，タグラグビーも苦手なんだろうなと思っていたが，積極的に動けば意外とできるものだということを知った。今回は，タグを取ることが自分に合っていたから上手くいったのかもしれないが，これから他の球技などをするときも自分で得意だと思えることを見つけ，それを武器にできるようにすることが大事だと思った。

技術・家庭 技術分野 (1年)	生活に役立つ製品の設計 ～材料と表面処理の技術～
	授業者 永井 歓

このポイントを大切に！ 学びの再構成を促す工夫のポイント（過程Ⅱのパターン）

- ポイント1 ── 自身の構想の使用目的（何を）と使用条件（いつ・どこで・どのように）を明確にする働き掛け
- ポイント2 ── 自身の構想の使用目的と使用条件に最適となる材料と表面処理の技術を見いださせる働き掛け

1 題材における課題

課 題 構想を実現するためには，どのような技術を選択し，施せばよいのだろうか。

生徒が自分や身近な人の生活に役立つ製品を設計しました。その際，施そうとする材料と表面処理の技術について，よりよい構想を追究しました。

2 題材の計画（全7時間）

主な学習活動・学習内容

> この項では，設計にかかわる学習内容の中でも，材料と表面処理の技術に焦点付けて掲載しています。

第1時：
(1) 身近な製品に施された技術の特徴を考える活動
　○ 木材だけでなく，竹挽板材やアクリル板材など，様々な素材が利用されていることに気付く。
　○ 手で触れることで，木肌を活かしたオイル塗装の美しさと塗膜層の樹脂の美しさに気付く。
(2) 伝統的な技術を施された製品の使用目的と使用条件を予想する活動
　○ 木材の膨張・収縮性を利用して，枡の組み継ぎが水漏れの防止となっていることに気付く。
　○ ダイニングテーブルの塗膜層が輪染み防止や毎日の手入れに適していることに気付く。
(3) 先駆的な技術を施された製品の使用目的と使用条件を予想する活動
　○ 竹挽板材の撥水性や防腐性を利用して，石鹸受け等の水回り製品に適していることに気付く。
　○ 液体ガラス塗装が素材の耐水性や耐衝撃性，耐火性などを向上させることに気付く。

第2時： 表面処理の技術をどのように表現できるかを知り，製品完成への見通しをもつ活動
　○ 塗料の特徴に合わせ，ウェス，はけ，ヘラなどを活用して塗装することを理解する。
　○ 複数回の重ね塗りの方法を理解する。

【本題材における課題】
　　自分の構想を実現するためには，どのような技術を選択し，施せばよいのだろうか。

第3～5時： 表面処理の技術の特徴をまとめ，その効果を予測して，表現する活動
　○ w50×d50×t6の木材もしくは竹挽板材に塗装を施し，塗装サンプル片として複数を作成する。

第6時：
(1) 構想を向上させるためにどのような視点をもつべきかを検討し共有する活動
　○ 評価の観点として，耐久性，生産効率，美的外観，環境負荷，将来性の5項目に整理する。
(2) インテリア設計における色彩の基本を知る活動（美術と家庭分野の学習との関連）
　○ 色相環やベース・メイン・アクセント比率に加え，実際は素材感を伴う色彩の検討が重要と知る。
(3) 使用条件を明確にする活動
　○ 実際に製品を使用する部屋に似たインテリアの写真をネットから選択する。

第7時： 技術のもたらす効果について検討を繰り返す活動
　実際の授業（学びの再構成を促す工夫を講じた授業）
　○ 構想図や試作，塗装サンプル片を基に，評価の観点に沿って，検討する。
　※ 試作は本題材の前段階で作成済み，発泡板材を利用して実物大で表現。前段階では，この試作を基に接合の技術の妥当性について検討している。

3 題材における学びの再構成を促す工夫の構想

チェック☑—授業者が再構成までの過程を構想しましょう！

○ 様々な知識・技術が使用目的と使用条件に最適なものになっているのかという新たな視点から，関連付けられていく再構成の過程を通して，生徒が資質・能力をどのように発揮していくかを構想します。

生徒の様相

学びの再構成を促す工夫を講じる前：

- 知・技：使用目的・使用条件
- 知・技：評価の観点
- 知・技：施す技術（材料，表面処理など）
- 知・技：技術の効果
- 学び・人間性：複数の観点から技術を評価し最適化させようとする態度
- 思・判・表：設計を通して，技術とその効果を評価したり活用したりすること

ポイント1とポイント2の視点

教師の働き掛け
施そうとする技術のもたらす効果を検討し合う場面を設定する。
- 検討の目的：使用目的と使用条件に最適な技術を見いだす
- 検討の根拠：自作した塗装サンプル片の様相
- 検討の視点：評価の観点に沿っているか

＜発問＞
選択した技術は使用目的と使用条件に合っていますか。設計における評価の観点に沿って，選択した技術の妥当性を検討しなさい。

学びの再構成を促す工夫を講じた時：

- 知・技：使用目的・使用条件？
- 知・技：評価の観点？
- 知・技：施す技術
- 知・技：技術の効果

○ 構想図や試作，自作塗装サンプル片を基に，様々な知識・技術を観点に沿って評価することを通して，<u>施そうとする技術が使用目的と使用条件に最適なものとなっているのか，という見方でとらえ始め，学びの再構成が促される。</u>

自己内対話
生徒は，他者とのかかわりを通して，自分にはなかった視点に気付いたり，それまで選択していなかった技術の効果を実感したりすることとなる。その結果，自己内対話が活発に行われ，技術の最適化を模索していく。

学びの再構成を促す工夫を講じた後：

- 知・技：技術の評価
- 再構成：材料と表面処理の技術の最適化
- 知・技：使用目的・使用条件
- 知・技：施す技術
- 知・技：技術の効果
- 思・判・表／学び・人間性

学びの再構成をした姿
再構成—技術の最適化に必要な要素
○ 材料と表面処理の技術について施そうとする技術のもたらす効果を，科学的根拠に基づいて，複数の観点から予測し，構想図や試作などに表現していく。

4 学びの再構成を促す工夫を講じるまで

チェック☑─再構成に必要な知識・技能を焦点化し，構成できるようにしましょう！

○ 自身の構想の使用条件を，実際に製品を使用する部屋に似たインテリアの写真によって，可視化しました。その際，インテリア設計における色彩の基本を確認しました。

○ 施そうとする技術の効果を明確にするため，塗装サンプル片を自作しました。また，その効果の妥当性を検討するために，評価の観点を共有しました。

ポイント1の具体　実際の使用条件をより明確にする活動

○ 美術や家庭分野の学習内容であるトーン表や色相環といった色彩関連知識に加え，実際は素材感・質感への考慮が重要であることを確認。

○ 実際に製品を使用する部屋に似たインテリアの写真を準備。現在の部屋だけでなく，将来，生活するであろうものも想定。

ポイント1とポイント2の具体　設計における評価の観点を共有する活動

【耐水性試験の実施】
JIS L 1092:2009「繊維製品の防水性試験方法」を根拠に，授業者が改変した試験により耐久性として数値化

50×50×6mmの自作塗装サンプル片を45度に傾けてシャワーで放水し，その後，水平にして水滴の残った範囲の割合で5段階評価。
左は残水割合20%未満のため評価は5となる。

【処理面積の算出】
塗布面積や表層研磨面積の総計を算出し，作業時間の目安との相関により生産効率として数値化

<評価の観点>
○ 耐 久 性（耐水性，耐火性 等）
○ 生産効率（塗布研磨面積 等）
○ 美的外観（統一感，アクセント等）
○ 環境負荷（有機化合物有無 等）
○ 将 来 性（メンテナンス 等）

ポイント2の具体　技術によりもたらされる効果を予測し，実際に塗装サンプル片を作成する活動

「先輩が選択した技術を試したい！どうするのかな？」

「ウレタン塗装は耐久性と美的外観の向上が期待されるな！」

ウレタン2度塗り　　ウレタン3度塗り

「2度塗りと3度塗りでは効果が異なるな！」

第2章 「学びの再構成」の視点を活用した授業改善の実践集　65

5　学びの再構成を促す工夫を講じた授業の実際（第7時）

チェック☑─手だてを講じ，生徒が3つの資質・能力を相互に発揮できるようにしましょう！

○　具体的な手だてとして，施そうとする技術のもたらす効果について，構想図や試作，塗装サンプル片を基に，評価の観点に沿って，検討する場面を設定しました。
○　生徒が技術の最適化に必要な要素を再構成しながら，構想した3つの資質・能力を相互に発揮できるようにします。

ポイント2の具体　**検討する環境の整備**

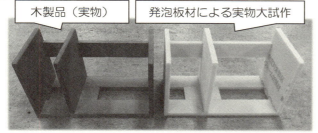
木製品（実物）　　発泡板材による実物大試作

発泡板材による実物大試作

発泡板材（スタイロフォーム™，ダウ化工株式会社製※）を素材として，実物大の試作を加工し準備。試作は本題材の前段階で作成（前段階では試作を基に施す接合技術の妥当性を検討）。

　実際に製品を使用する部屋に似たインテリアの写真をA3版サイズに拡大印刷し，構想図とともに壁面掲示するとともに，上記の実物大試作を提示することで，設計者の使用目的と使用条件を明確にしました。その上で，自作した塗装サンプル片の様相を根拠として，5つの評価の観点に沿って，検討しました。
　また，検討の際のグループは，使用目的か使用条件が同じ，もしくは，似た者同士で編成しました。
　この様にすることで，他者の設計に関しても，科学的根拠に基づいて，複数の観点から，使用目的・使用条件と様々な技術とを関連付けて，最適な技術を模索する（**知識及び技能の発揮，思考力・判断力・表現力等の発揮**）という学びの再構成が促されました。

リビングテーブルで使用する小物入れで，耐水性優先です。ウレタン2度塗りと3度塗りで迷っています。
→この塗装サンプル片の様子からみても3度塗りの方が耐水性に優れるけれど，塗装面積が広すぎるよね。それに内側の塗装は大変だから，内側だけ1度塗りにしたら？
→それなら，内側だけ液体ガラス塗装1度塗りにしたら，耐水性が抜群で，小物が濡れていても心配ないかも。生産効率も保たれるから。

　授業の最後に，授業者から実生活に活かそうとする姿勢を問う発問として「技術を評価する上で重要な評価の観点をもうひとつ挙げられるとしたら，何を挙げますか」を講じました。この発問により，学びをさらに実生活に活かそうとする姿が表現されました（**学びに向かう力，人間性等の発揮**）。

○　ステインって独特なにおいがあった。それになるべく目や口に入らないように配慮した。環境性の観点はあるけれど，その以前に安全性が必要かも。以前の観点を予想する活動では，安全でない塗料は授業では扱わないから，ということで納得したけれど，基準を満たしている範囲の中でも，より安全かどうかって，大事だと思う。だから，米100%製オイルを選択した設計は，安全性で高評価だな。
○　コストパフォーマンスかな。今回は液体ガラス塗料だけが高価を理由に塗布面積に制限があったけど，実際はどの塗料にも値段があるでしょう。少ない投資で最大の効果を得る，そんな観点は必要だな。

※　TMはザ・ダウ・ケミカル・カンパニー又はその関連会社商標

技術・家庭 家庭分野
（2年）

うま味を極めよう！

授業者　竹内　恵

このポイントを大切に！　学びの再構成を促す工夫のポイント（過程Ⅱのパターン）

ポイント1　題材に魅力を感じ，生活にかかわる事象の効果の根拠を科学的に理解できるような働き掛け

ポイント2　生徒が考案したものを実践し，検討することで，題材で体験して学んだ知識・技能を関連付け，よりよいものを作り出すための工夫を見いださせる働き掛け

1 題材における課題

課題　だしのうま味を生かして食材をより美味しくするにはどうしたらよいだろうか。

　組み合わせることでより美味しく調理できるだしのうま味に注目させ，調理実験からうま味を増す調理方法について学習しました。学んだ知識・技能を用いて，うま味を引き出し，うま味の相乗効果をねらって，うま味，香り，調理の方法，調理時間，見た目の視点から調理計画を立てて実践しました。実践をグループで評価し，検討する中で美味しく調理するために有効な工夫について考えました。

2 題材の計画（全12時間）

	主な学習活動・学習内容
第1時	うま味の魅力を知る活動 ○　ご飯の白湯かけとだし汁（鰹と昆布の混合だし）かけを試食し，だしのうま味が美味しさにつながっていることを知る。 ○　削りたてのかつお節を試食し，だしが持つうま味や香りの存在に気付く。 ＜本単元における課題＞ 　だしのうま味を生かして，食材をより美味しくするにはどうしたらよいだろうか。
第2時	だしを飲み比べ，種類による違いと相乗効果を学ぶ活動 ○　昆布，鰹節，インスタントのだしを飲み比べて特徴を知る。 ○　2種類のうま味成分を組み合わせて（昆布だしと鰹だしを混ぜたもの）試飲し，相乗効果を体験する。
第3〜4時	うま味を引き出すだしの取り方を学ぶ活動 ○　乾物からだしを取る方法（下準備，乾物を入れるタイミング，煮出し時間，取り出すタイミング）を実験から学ぶ。 ○　煮た際，食材のうま味を生かすだしの濃さにするには，水に対してどれくらいの乾物を加えるとよいのかを実験（水に対して0.5％，2％，4％，8％のだしで調理）で確かめる。
第5〜6時	食材にうま味を染み込ませるための加熱方法，包丁の技能を学ぶ活動 ○　面取り，隠し包丁，表面積を増やす切り方を行った大根をだしで煮て食べることで，切り方による煮崩れ防止や味の染み込み具合といった効果を知る。 ○　食材は加熱時よりも，冷却時に味が染み込むことを実習で確かめる。
第7時	うま味が単一のだしを用いて，うま味を組み合わせて食材を美味しく調理する工夫を考える活動 ○　うま味，香り，調理の方法，調理時間，見た目の視点から，だしを使い食材を組み合わせて，メイン食材をさらに美味しくする調理計画を立てる。
第8〜12時 **実際の授業** （学びの再構成を促す工夫を講じた授業）	考案したものを調理して，グループで評価，検討し有効な調理の工夫を見いだす活動 ○　考案したものを調理し，うま味，香り，調理の方法，調理時間，見た目を視点に評価し，グループで良さと改善点について検討し，有効な工夫を見いだす。

3 題材における学びの再構成を促す工夫の構想

チェック☑―授業者が再構成までの過程を構想しましょう！

○ 事前に構成してきた「うま味の相乗効果」「うま味成分」「調理する方法」「だしの役割」などの知識・技能が，「うま味の相乗効果」という視点を中心に，関連付けられていく再構成の過程を通して，生徒が資質・能力をどのように発揮していくかを構想します。

生徒の様相

学びの再構成を講じる前

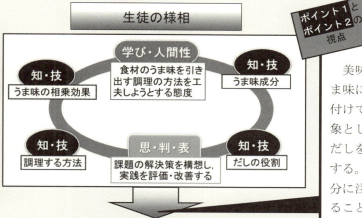

ポイント1とポイント2の視点

教師の働き掛け

美味しく調理するために，うま味に注目して学習内容を関連付けていけるように，新たな対象として，うま味成分が単一のだしを使った調理の計画を提示する。そして，食材のうま味成分に注目し，食材を組み合わせることでうま味の相乗効果をねらう活動を組織する。

学びの再構成を促す工夫を講じた時

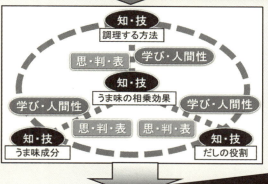

教師の働き掛け

生徒が考案したものを実際に調理する。実験結果や資料を根拠に調理の様子や調理したものを評価し，調理計画の良さや改善点を検討させる。

＜発問＞
うま味を引き出し，より美味しく調理するには，どのような工夫が有効なのでしょうか。

○ 新たな対象と出会い，考案したものを実践，検討することを通して，うま味を引き出し，より美味しく調理するための有効な方法となっているかという見方でとらえ始め，学びの再構成が促される。

学びの再構成を促す工夫を講じた後

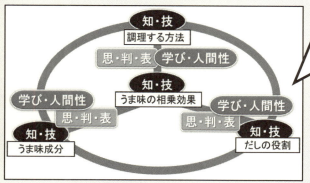

学びの再構成をした姿

再構成―うま味を引き出し美味しく調理するための工夫

○ 「うま味の相乗効果」を視点に「だしの役割」「うま味成分」「調理する方法」を関連付けて，メインに選んだ食材が，さらに美味しく調理できるような工夫を考えていく。

4 学びの再構成を促す工夫を講じるまで

チェック☑ーー再構成に必要な知識・技能を焦点化し，構成できるようにしましょう！

○ 題材を通して，だしの良さや魅力，だしの美味しさの正体であるうま味や香りに気付くような体験活動を組織しました。
○ だしと食材がもつうま味成分や，それらを引き出す仕組みについて，試行経験や実験結果，収集したデータを根拠に理解できるようにしました。

ポイント1の具体　だしの魅力を発見し，うま味に注目する活動

○ ご飯の白湯かけとだし汁（鰹と昆布の混合だし）かけとを食べ比べる。
→ だしの持つうま味が食材をさらに美味しくすることを体験する。

○ 削りたての鰹節を試食する。
→ だしの食材がもつうま味・香りを体験する。

美味しく調理するための工夫を考える視点に「うま味」が加わった。

ポイント1の具体　だしや食材がもつうま味成分の違いや，組み合わせて起こる相乗効果について理解する活動

3種類のだしを比較し特徴を知る。
（比較の視点：うま味，香り，見た目）

昆布だし，鰹だしを合わせてうま味の相乗効果を体験する。

○ 昆布だし，鰹だし，インスタントだしを比較し，特徴を捉える。
　① 素材から取った昆布と鰹だしの比較。
　　→ 素材によってうま味成分が異なり，感じるうま味が違うことを体験する。
　② 素材から取っただしとインスタントだしを比較する。
　　→ インスタントだしの特徴，使用する際の留意点（適量使用，天然だしの補助として使用）を確認する。

○ 昆布だしと鰹だしを同量混ぜて飲む。
→ うま味成分が単一のときと，混合だしとを比較して相乗効果を体験する。

体験活動から「うま味成分」「相乗効果」という知識を構成した。

ポイント1の具体　うま味を引き出す仕組みを実験から科学的に理解する活動

乾物からだしを取る方法を学ぶ。

○ 2つの比較実験を行い，乾物からだしを取るコツを見いだす。（昆布，鰹節を使用）
　① 2種類の抽出方法で取ったものを比較する。（水から入れて煮出したもの，沸騰してから入れて煮出したもの）
　② 煮出し時間を変えたものを比較する。（沸騰後1分，5分，15分間加熱）

食材を生かすだしの濃度を学ぶ。

濃度を変えただしで煮たじゃがいもを比較する。（0.5％，2％，4％，8％）
資料（グルタミン酸，イノシン酸の配合比とうま味の強さ）から，うま味を強くする成分の組み合わせがグルタミン酸：イノシン酸＝1：1であることを学ぶ。

実験から「だしの抽出方法」「煮出し時間」「うま味成分の配合比」「濃度」という知識を構成した。

第2章 「学びの再構成」の視点を活用した授業改善の実践集

5 学びの再構成を促す工夫を講じた授業の実際（第8～12時）

チェック☑─手だてを講じ，生徒が3つの資質・能力を相互に発揮できるようにしましょう！

○ 具体的な手だてとして，うま味成分が単一のだしと食材を組み合わせることで，うま味の相乗効果を発揮させる料理を考えました。生徒は，食材がさらに美味しくなるように，うま味，香り，調理の方法，調理時間，見た目の視点から調理の工夫を考えて計画を立てました。

○ 考案したものを実践し，調理したものをグループで評価，検討する中で，状況に合わせてよりよい方法を構想していく資質・能力を発揮できるようにしました。

ポイント2の具体

献立の条件

資料
・うま味成分量
・お湯が沸くまでの時間
・食材の大きさ別，煮え時間

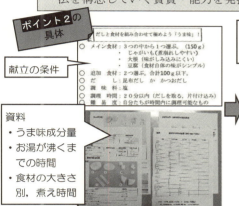

資料を基に，うま味の相乗効果を発揮させ，条件に合うように調理計画を立てる。

選んだ食材のうま味成分量と，うま味の強さ

調理手順

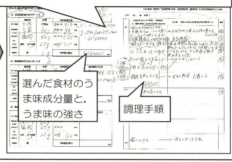

実際に調理する。調理の記録をボードに記入する。

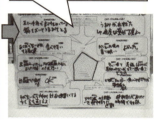

ステップ1 考案した調理を実践する。後に調理の工夫を検討するため，調理の様子は記録しておく。

試食　評価・検討

ステップ2 調理したものを試食し，うま味，香り，調理の方法，調理時間，見た目の視点から評価し，計画した調理の良さや改善点について検討する。評価や気付きはボードに記録する。

再考

ステップ3 グループの評価や検討した内容を基に調理計画に手を加える。うま味を引き出し，おいしく調理するために有効だった点は赤で強調し，改善は青で加筆する。

　新たな対象として，うま味成分が単一のだしと食材を組み合わせることで，うま味の相乗効果を発揮させる調理の計画を提示しました。生徒は，だしと食材を組み合わせることで相乗効果を発揮させるように調理を計画していきました。その際，調理経験の差を補うために，食材のうま味成分量，条件別にお湯が沸く時間，水の蒸発量，食材別切り方別の煮え時間の資料を用意しました。うま味成分量からうま味の強さを計算して，だしと食材の組み合わせを決めると，生徒は時間内にうま味を食材に染み込ませて美味しく調理するための工夫を考え始めました。（知識及び技能の発揮）（思考力・判断力・表現力等の発揮）その後，計画した食材の組み合わせ，切り方，火加減，加熱時間で調理し，出来上がったものを試食，評価し，うま味を引き出す調理として有効だった点と改善点について検討しました。

【検討後の生徒の記述】香りが無かったので加熱時間を短くしたい，大根のいちょう切りは良かったが味が染み込んでいなかったので下茹でしたほうがよかった，蒸発量を考えて水を加えたい，食材によっては早く入れてしまうと風味が損なわれてしまうものがあるので入れるタイミングも大切だと思った

　この活動を行った結果，条件に合わせてよりよいものを作るために学習内容を関連付けて考える姿が見られました。具体的には，加える食材に注目するだけでなく，より美味しく調理するために調理方法やうま味成分の種類，濃度，割合にも目を向け，総合的に考えて調理を計画しようとする姿が見られるようになりました。（学びに向かう力，人間性等の発揮）（思考力・判断力・表現力等の発揮）

英語 （1年）	日本のアニメを留学生に紹介しよう
	授業者　源田　洋平

学びの再構成を促す工夫のポイント（過程Ⅱのパターン）

ポイント1 ― 学級全体で作成した会話の型を基に，ロールプレイの活動を組織する。
ポイント2 ― 新たな会話の展開をせざるを得ない状況の下でのロールプレイ活動を組織する。

1 単元における課題

課　題　留学生に，相手の興味・関心，既有知識に応じて，相手の知らないアニメの一面について即興で会話するにはどうしたらよいか。

　留学生に日本のアニメを紹介する活動を通して，会話を継続・発展させるための有効な表現と会話の型とを関連付けて，相手の興味・関心や既有知識を引き出しながら，トピックに応じて即興でやり取りできる姿を目指しました。

2 単元の計画（全11時間）

	主な学習活動・学習内容
第1時：	留学生からのメールの内容を確認する活動
	○　留学生からの「日本のアニメを紹介してもらいたい」というメールの内容を確認する。
第2時：	ALTに日本のアニメを紹介する活動
	○　ALTに日本のアニメについて紹介し，「興味・関心や既有知識を質問した上で，会話を進めることで相手の興味や思いに応えることができる」ことに気付く。
	＜本単元の課題＞ 　留学生に，相手の興味・関心，既有知識に基づいて，相手の知らないアニメの一面について即興で会話するにはどうしたらよいか。
第3～4時：	留学生におすすめしたいアニメを考え，そのアニメを説明する活動
	○　ペアになり，与えられたキーワードを基にアニメを相手に説明する。
第5時：	ペアでチャット（ミニ会話）する活動　（※帯活動として継続して行う）
	○　「好きなアニメ」というトピックで，ペアでチャットを行う。
第7～8時：	留学生との会話の展開を考え，作成した型を基に会話練習する活動
	○　留学生交流会を想定し，どのような展開で会話がなされるかを学級全体で考えていく。その後，学級全体→ペアの順で練習していく。
第9時 実際の授業 （学びの再構成を促す工夫を講じた授業）	相手の新しい状況設定の下で会話を練習する活動 ○　相手の予期せぬ発言に臨機応変に対応して会話を継続・発展させる。 ○　ボイスレコーダーで自分の発話を確認する。 ○　学級全体でどのように会話を展開していったかを確認する。
第10時：	留学生交流会
	○　留学生に相手の興味・関心・既有知識を質問しながら，日本のアニメについて紹介する。
第11時：	単元の振り返り
	○　プログレスカードやボイスレコーダーに蓄積してきた記録を基に，学習過程を振り返る。

3 単元における学びの再構成を促す工夫の構想

チェック☑─授業者が再構成までの過程を構想しましょう！

○ 事前に構成してきた「会話の型を基にアニメを紹介するための技能」が，相手の新たな状況に応じて，相手の情報を得るために質問したり，相手の知らないことを説明したりするという新たな視点から，関連付けられていく再構成の過程を通して，生徒が資質・能力をどのように発揮していくかを構想します。

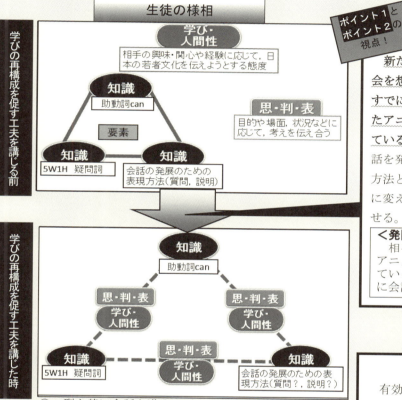

教師の働き掛け

新たな対象として，留学生交流会を想定した上で，「留学生役がすでに自分が紹介しようとしていたアニメについてすでによく知っている」という状況を提示し，会話を発展させるために新たな表現方法として説明，質問をどのように変えていけばいいのかを考えさせる。

＜発問＞
相手が紹介しようとしていたアニメについてすでによく知っているという状況で，どのように会話を展開していきますか。

教師の働き掛け

有効な表現を学級で共有した上で，ペアで会話させる。その後，ボイスレコーダーに録音しておいた自身の発話を振り返らせる。

学びの再構成をした姿

再構成─会話を継続・発展させるための表現方法

○ 相手の興味・関心，既有知識に応じて，相手が知りたいアニメについて，自分の感想を述べたり，相手がもっと興味をもてるような具体的な提案をしたりすることができる。

72　実践編

4　学びの再構成を促す工夫を講じるまで

チェック☑—再構成に必要な知識・技能を焦点化し，構成できるようにしましょう！

○ アニメに関する語彙を習得したり，アニメについて即興で説明できたりするために，留学生に紹介したいアニメを生徒に挙げさせ，アニメリスト（アニメについてキーワードをまとめたもの）を作成する。このアニメリストを基に，ペアで互いにアニメについて説明する活動を帯活動として組織する。

○ 疑問詞を用いて即興で質問したり，質問に答えたりするために，チャットのポイントを示した上で，「好きなアニメ」というトピックの下，ペアを代えてチャットを複数回行う。

○ 留学生交流会を想定して，学級全体で会話の展開を考え，会話の型を作成する。この型を基に，トピックを変えて，学級全体→ペアの順で繰り返し会話練習を行う。

ポイント1の具体　アニメ説明ゲーム

ペアでアニメリストを基に，アニメについて互いに説明

○アニメに関する語彙を増やす。
○アニメについて説明できるようになる。

【アニメリストの一例】
☐Title: My Neighbor Totoro　　☐Genre: Ghibuli anime
☐Characters: Satsuki, Mei, Totoro
☐Story: Satsuki & Mei, meet a big monster
☐Interesting point: Totoro, cute & kind
　　　　　　　　　　can enjoy a moving story
☐Others: can buy Ghibuli goods in Bandai city

ポイント1の具体　Chat ～ミニ会話～

5つのポイントを意識して帯活動でチャットを行う。

疑問詞を用いて即興で質問したり，質問に答えたりする力を身に付ける。

【チャットを進めるための5つのポイント】
①アイコンタクト・スマイルで会話する。
②反応する。（あいづち・つなぎ言葉・オウム返し）
③確認する。（不明点を確認）
④2文以上で答える。（補足説明）
⑤質問する。（5W1Hで質問）

ポイント1の具体　留学生にアニメを紹介するための会話の型の作成

作成した型を基に，学級全体→ペアで，複数回練習する。

相手の既有知識，興味・関心を質問しながら会話することができるようになる。

生徒	留学生
Hello. あいさつ My name is ●●. Nice to meet you. 自己紹介	Hello. あいさつ My name is ●●. I'm from ●●. Nice to meet you, too. 自己紹介 I like Japanese anime. 話題提示 Can you recommend any good anime? 依頼
Sure. What kind of anime do you like? ジャンル（興味・関心） So, do you know Dragonball? タイトル Do you know the characters? 登場人物	I like action anime. ジャンル Well, I only know the name. タイトル No, I don't. 登場人物
The characters are ～. 登場人物 Do you know the story? ストーリー	

【会話の型の内容】
① あいさつ・自己紹介
② 話題提示・依頼
③ ジャンル
④ タイトル
⑤ 登場人物
⑥ ストーリー
⑦ 面白ポイント
⑧ おすすめの言葉

5 学びの再構成を促す工夫を講じた授業の実際（第9時）

チェック☑ー手だてを講じ，生徒が3つの資質・能力を相互に発揮できるようにしましょう！

○ 自分が紹介しようと思っていたアニメについて相手がすでによく知っているという新しい状況を提示し，さらに会話を継続・発展させるためにはどのように会話を展開していけばよいかを問う。

○ ロールプレイカードを基に，ペアで会話をさせ，会話後，ボイスレコーダーに録音しておいた自身の発話を振り返り，よりよい表現を見いださせる。

ポイント2の具体

ステップ1 新しい状況設定を提示

○ 代表生徒と教師のロールプレイを見せる。

Do you know the story?
Yes. I like it very much
困ったぞ。この後どうやって会話をつなげよう？

ステップ2 有効な表現を学級全体で共有

○ 予期せぬ状況においてどのように会話を継続・発展させていけばよいかを問い，生徒の考えを板書して全体共有する。

〈会話の展開〉
質問 Who is your favorite character?
Do you know any cartoonists in Niigata?
What scene do you like?
説明 You can go to Donguri-Kyowakoku?

ステップ3 ペアでのロールプレイ活動①

○ 紹介役と留学生役それぞれに以下のカードを渡して，ロールプレイを行う。

状況カードA（中学生役用）
あなたは，中学生役です。これから留学生役に質問をしながら会話をし，相手がアニメについてもっと興味をもてるような紹介や提案をしてあげましょう。

状況カードB（留学生役用）
あなたは，留学生役です。これから日本のアニメについて会話をしながら，中学生がアニメについて紹介や提案をしてくれます。あなたの状況は以下の通りです。
□名前：Emma □出身：Australia
□ジャンル：ジブリアニメが好き。 □タイトル：すでに知っている。
□登場人物：すでに知っている。 □ストーリー：すでに知っている。
□面白ポイント：すでに知っている。
○その他：・特にトトロが好き。
・ジブリグッズが欲しい。（I want Ghibuli goods.）
・『どんぐり共和国』のことについては知らない。

ステップ4 ボイスレコーダーによる振り返り

○ 個人でボイスレコーダーを聞いて振り返った後，有効な表現を全体共有する。

ステップ5 ペアでのロールプレイ活動②

○ 留学生の状況を変えて，ロールプレイに再度チャレンジする。

　新たな対象として「紹介しようと思っていたアニメの情報について，すでに留学生がよく知っている」という，予期せぬ状況の下で，会話練習を行わせました。生徒は，この状況の中で，留学生の状況，自己の既有知識・経験，アニメ一覧表とを関連付けて，新たな会話の展開を考えることができました。ロールプレイ後，相手の状況に応じてどのように会話を展開していったかを全体で共有しました。この活動を複数回行い，即興で会話できるために習熟を図ることができました。

　具体的には，生徒は右の表の網掛け部分のように，相手の興味・関心や既有知識を質問したり，相手の興味・関心に応じて，新たな説明をしたりして会話することができるようになりました（**知識及び技能の発揮**）（**思考力・判断力・表現力等の発揮**）。単元末の記述には，外国人とコミュニケーションをとることの喜びを感じ，他のトピックについても会話できるようになりたいという態度の表れもありました（**学びに向かう力，人間性等の発揮**）。

＜生徒の記述＞ アニメに限らず，日常的な話題についても外国人の方と会話できるようになりたい。そのためにももっと単語量を増やしたりリスニング力を高めたりしたい。

S: 紹介役の生徒　I: 留学生役の生徒
S: What kind of anime do you like?
I: I like Ghibuli anime.
S: So, do you know Totoro?
I: Yes, I do. I like it very much.
S: Oh, do you know the characters?
I: Yes, I do. Mei, Satsuki, Totoro.
S: Do you know the story?
I: Yes. Mei and Satsuki meet a big monster.
S: Do you know the interesting point?
I: Yes. You can enjoy a moving story.
S: That's right. So, who is your favorite character?
I: I like Totoro.
S: Why do you like Totoro?
I: Well. It's cute and kind.
S: Do you know Donguri-Kyowakoku?
I: No, I don't.
S: You can buy many Ghibuli goods in Donguri-Kyowakoku.
I: Wow, that's nice!

道徳 (3年)	命に向き合う
	授業者 熊谷 友良

生徒が主体的によりよい行為や判断の在り方を考える授業のポイント

ポイント1 ── ねらいとする価値項目について，様々な立場から吟味できる複数の教材を基にした単元構成

ポイント2 ── 教材の状況を把握するための発問

ポイント3 ── 様々な立場から価値項目について十分吟味した上で，主人公の立場から価値判断をともなう場面における具体的な働き掛けとその理由を考える活動の組織

1 単元における課題

課題 「命を大切にする」とは，どういうことなのだろうか。

　生徒は複数の教材を通して，「命を大切にする」ことは，患者本人の意思を尊重することなのか，残された家族の願いや希望を尊重することなのか，どちらなのだろうかと考えました。生きることが「命を大切にすること」だと考えていた生徒も，患者（家族）を生かすことだけではないという価値の多面性に気付きました。

2 計画（全4時間）

主な学習活動・学習内容
第1時：教材『私は"今"死んでも幸せ。だからこそ死ねない』 　　　　※　引用文献：山下弘子「雨上がりに咲く向日葵のように」宝島社 　　　　Aflac HP：「がんと共に生きる　体験談」 　　○　19歳で余命宣告を受け，25歳で亡くなられた山下弘子さんの書籍を引用した教材を扱う。「命は大切である」ことを観念的には理解している生徒は，この実話を基にした教材で学習することを通して，「命」はかけがえのない尊いものであることを再認識したり，「命」は自分だけのものではなくそれを思う家族や周りの人のものでもあるということ，だからこそ精一杯生きることが大切なのだということを考えたりする。
第2時：教材『命の選択』（きみが いちばん ひかるとき　中学道徳③　光村図書） 　　○　尊厳死について書かれた教材を扱う。延命措置を選択した家族の事例，尊厳死を認めた家族の事例など補足の資料を用意し，尊厳死について知ることをねらいとする。生きることが「命を大切にすること」だと考えていた生徒も，患者（家族）を生かすことだけではないという価値の多面性に着目する。 　　＜課題＞ 　　「命を大切にする」とは，どういうことなのだろうか。
第3，4時：教材『父の命』（自作資料　第四項参照） **実際の授業**　　※　参考文献　日本看護協会HP　看護実情報・事例紹介 　　○　生徒に，主人公「私」の立場で，すなわちその家族の一員として父の命の選択の場面に立たせて，延命措置か尊厳死かの判断を迫っていく。生徒は，その判断の根拠は多様であり，難しい判断であることを実感しながらも，残された家族の精神的・肉体的な負担なども考慮して，家族の一員としての具体的な働きかけを考える。

　以上のような，4時間構成の授業とすることで，生徒は「命を大切にする」ことの意味について，段階的にそして多面的に理解することができます。

3 第3時まで

> **チェック☑—様々な立場から価値項目を深く考えられるように構想しましょう！**
> ○ 「命」について様々な立場から，複数の教材を取り扱う構成にしました。第2時では，教材に加えて，延命治療の具体や，尊厳死と延命治療の事例を追加資料として紹介しました。
> ○ 主人公の「私」や「父」の立場で，命の選択を考える活動を組織しました。その際，学級全体の判断とその根拠を可視化するために，黒板にネームプレートを貼らせるなどの工夫をしました。

ポイント1の具体

第1時 教材『私は"今"死んでも幸せ。だからこそ死ねない』

第1時 山下弘子さんの生き方

【発問】
○ 「貢献が積極的な行動を伴うとは限らない」とありますが，「貢献すること」について弘子さんはどのように考えが変わりましたか。
○ 弘子さんの「今死んでも幸せ。だからこそ死ねない。」という言葉には，どのような気持ちが込められていると考えられますか。
○ 「命」について考えたことを書きなさい。

・生きたいけれど生きられない命がある。今は若いから「死ぬ」なんてありえないと思っていました。でも弘子さんのように，本当は生きたい，若くして死ねないと苦しんでいる人もいます。今，当たり前のように生きていられるのもそれこそ奇跡であると思った。
・命はみんなもっているもので，それぞれとても大切なものである。何かをしなくても生きてくれるだけで嬉しいし，ありがたいと思われる。今を精一杯生きていこうと思った。

第2時 教材『命の選択』

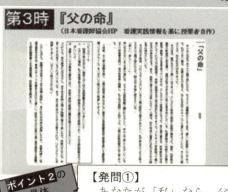

【発問】
家族の命の選択の場面で，あなたは何を大切に判断すべきだと思いますか。また，それはなぜですか。あなたの考えを書きなさい。

・第一は患者（家族）の意思を先に尊重すべきだと思う。だが，その意思は家族のことを想って，自分が望まないことを言っているかもしれない。相手の日頃の言動や心情をしっかりと把握し，家族が決断することが大切だと思う。

第3時 教材『父の命』

ネームプレートで判断の可視化→判断に応じた根拠のまとめ

ポイント2の具体

【発問①】
あなたが「私」なら，父親の延命治療をすることに賛成ですか，反対ですか。

賛成（延命治療）3名，反対（尊厳死）34名という結果でした。この発問における判断では，家族の一員である「私」の立場からの願いや気持ちが優先されています。そこで，第4時では，父親の立場から教材の状況を把握させるための発問をしました。

4 第4時の実際

チェック☑－判断や行為を具体的に問いましょう！

○ 父親の立場から、教材の状況を把握させるための発問を行いました。
○ 「私」の立場で、父親の命の選択の場面における家族への具体的な働きかけとその理由を、仲間と交流する活動を組織します。その際、交流の視点を生徒に明示しました。

【発問②】 本当に、「父親のためを思った選択」は延命治療を行うこと、尊厳死を認めることのどちらだと思いますか。

この発問により、前時において「私」の立場から尊厳死を認めると判断した生徒の中には、延命治療の判断に変わった生徒がわずかながらいました。

尊厳死→延命治療に判断が変わった生徒の根拠
・孫も生まれるだろうし、家族と過ごす時間を楽しみにしている。
・まだまだ先のことと考えて記入したリビングウィルであって、父親は今は生きたい気持ちがあるのではないか。
・自分の父親が倒れたら、延命治療をする。それが父のため。助けられる可能性がないわけではない。
・父親は家族のためを考えて、リビングウィルを準備していたのかもしれない。

判断が変わった生徒も変わらなかった生徒も、その根拠を全体で共有することで、自分の命よりも家族の生活を大事にする父の家族を思う気持ちに気付いたり、家族に金銭的、肉体的負担をかけることが患者にとっては辛いことであるということを考えたりすることができました。発問①，②によって生徒は、私、父親の両方の立場から、教材の状況を把握することができました。そこで、再度「私」の立場から父親の命の判断を迫るために、次の発問を講じました。

【発問】 あなたが「私」なら、父親の延命治療をすることに賛成ですか、反対ですか。賛成なら兄を、反対なら母親をどのように説得しますか。

4人グループで交流を行いました。多面的・多角的に考えていくためには、異なる見方との出会いが必要です。他者の意見との違いや共通性に着目させ、どこが違うか、なぜ違うのかなど、自分の意見と仲間の意見を比較し関連付けながら、他者の意見への積極的なかかわりを生み出すためにワークシートを工夫し、交流の仕方を生徒に明示しました。

【交流の方法】
1 一人が発表終えたら、①～④のどれにあてはまるか、名前を書く。その際、相手の立場を理解できた、説得力があったと思ったら名前を○で囲む
2 これを繰り返す。
3 全員の発表が終わったら、一人ずつ
 ・一番近い考えと、遠い考えは誰の意見か発表する。また、説得力があったのは誰の意見か発表する。
 ・感想発表

※ 【交流の仕方】下線部①～④：「①判断同じ、理由も同じ ②判断同じ、理由が少し違う ③判断違う、共通する理由がある ④判断違う、理由が全く違う」が記入できるようなワークシートにしました。

「確かにお父さんにはまだまだ生きてほしい。だけど気管切開をして声を出せなくなり、延命治療によって苦しんでいるお父さんを見たくない。そうまでして「生かされている」形になって、人間らしく生活できているとは言えないし、お父さん自身もそれを喜ぶとは思えない。それにお母さんが倒れるようになったりしたら、お父さんは悲しむよ」
「父さんの命を自分達で決めるのは後悔が残ると思うし、今までの思い出をこんな形で消したくない。助けられる命を捨てて後悔するよりも、できることを尽くし、一緒の時間を過ごしたい。延命措置をする。」

「命は大切である」という観念的な理解で終わるのではなく、教材の状況に自我関与させ、自分とのかかわりで多面的・多角的に考え「命を大切にする」ことについてその考えを新たにすることができました。

命を大切にするということは、ただ命をつなぎ止めるということだけではないと思います。確かに生きていることは大切で、生きていることで周りの人たちに喜びを与えることができます。しかし「意思」を大切にすることもその人を大切にする、その人の命を大切にすることにつながります。だから、たとえその人の意思を尊重したことで、その人の命がなくなるかもしれなくなっても、それはその人の意思であって、亡くなっても私たちの心の中で生き続けているから、意思を大切にすることだと思いました。

「父の命」

あんなに元気であった父親が倒れたのは、ちょうど一週間前のことである。優しい家族思いの父であった。私が小さい頃、仕事の休みがあると、私と兄を釣りやキャンプに連れて行ってくれた。そんな父親のことが、私も兄も大好きであった。

その日は、雪がちらつく寒い一日であった。久しぶりに東京の実家に家族が集まった。現在、兄家族は実家の敷地内に家を建て、建物は別であるが父母と生活を共にしている。私達家族は一年前から仕事の都合で群馬での生活を送っているため、久しぶりの一家団欒となった。孫と遊ぶ様子は、二十数年前私たち兄弟にしてくれた父の姿同様で、家族に愛情を注ぐ姿は相変わらずであった。「こうやって家族揃って過ごせるのは幸せだな。また、家族が増えるのは楽しみだ。」父親は、数か月後に生まれる私の子どもの誕生を心待ちにしていた。

その日の夕食後、リビングでくつろいでいると父親の呼吸の様子がおかしい。私が声をかけようと思ったとたん父親が倒れ込んだ。胸の辺りを強く押さえている。
「苦しい、苦しい・・・」
声にもならないような声が漏れる。どうやら呼吸困難に襲われたらしく、床の上で苦しくもがいている。すぐに救急車を呼び、母は救急車に同乗し、私と兄は病院へと向かった。父親の診断結果は心不全であった。

二年前、60歳の退職を機に、父親は回復の見込みがない場合の延命措置拒否の要望を記した事前指示書(リビングウィル)を用意していた。

> リビングウィル
> 一 回復の見込みがない場合には、一切の延命措置を行わないでほしいこと
> 二 ただしこの場合、苦痛を和らげるために麻薬などの適切な使用により、十分な緩和医療を行ってほしいこと
> 三 結果については患者の責任であり、家族や病院の医師の責任を問うことはないこと

「これから、孫も生まれるだろうし、ますます家族と過ごす時間が増えて楽しみだ。家族のためにも、今まで以上に元気でいなければいけないな。まぁ、まだまだ先のことだとは思うけれど、リビングウィルを用意しておくよ。」

しかしながら、医師は付き添ってきた母親と相談し、また私たち兄弟も納得した上で、気管内挿管(気道を確保する方法。専用のチューブを鼻または口から挿入し、呼吸のための空気の通り道を確保する措置)、人工呼吸器装着による循環管理、呼吸管理を開始した。

六日目には状態が安定したため抜管するが、夜間に呼吸困難が強く、せん妄状態(**せん妄**とは、軽度から中程度までの意識水準の低下が起こり、時間や場所がわからない、睡眠リズムが崩れる、まとまりのない言動や独り言を話す、注意力や思考力が低下する、などの症状がみられる状態)となった。医師は家族に対し、

「容態は芳しくありません。息苦しさが強いため、鎮静下で心不全の治療を行うのがよいと思いますが、鎮静をかけると呼吸が浅くなり心負担が増え、予後が悪化する可能性があります。また、人工呼吸器装着や、さらには気管切開なども必要になるかもしれません。」

と説明した。医師によると、回復の見込みは高いとは言いきれず、また医学的には回復の見込みについては判断が難しい状況であるとのことであった。人工呼吸器の説明もあった。

「呼吸の補助にはなりますが、息苦しさは続き、嗚咽することもあります。口に直径8ミリ前後の管を入れるので、吐き気や不快感も生じます。苦痛を和らげるために鎮静剤を持続的に投与する必要もあります。また、気管切開になった場合は、喉から肺に直接管を通すので口からよりも多少苦痛は和らぐかもしれません。しかしながら、喉の所を切る処置が必要で、出血や感染の危険性があります。また、声を失うことになるかもしれません。一度取り付けた人工呼吸器は病状が回復すれば取り外せます。ただし、回復がみとれない場合は、途中で取り外すことはできません。」

病院側が延命治療の判断を、私達家族側に求めているということは理解できた。医師はさらに続けた。

「治療を施したとしても、回復の見込みについては断言できませんし、仮にどれだけ入院が必要かも今の段階では見当もつきません。このまま一人部屋で入院を続けるようでしたら、差額ベッド代として一日約7000円がかかりますし、四人部屋に移ったとしても、一日約2500円かかります。また、医療費も少なくとも月8万円は発生するでしょう。これはあくまでも目安の話ですので、今後施す処置によっては当然増額も考えられます。大切な話ではありますが、お金のことはまた、後程詳しくお話をさせてください。」

この説明によると、おおよそ少なくても一カ月に約15万円かかる計算となる。私たち家族にとって決して安い額ではないことは確かである。父は二年前に退職し、今は父の少ない年金と母親のパートでの収入で生計を立てていた両親。この状況で医療費を母親だけに負担させるわけにもいかないことは、私も兄も承知している。しかし、私にも兄にもそれぞれ家庭がある。私たち家族に負担がないといったら嘘になる。

兄家族が遅れて病院へやってきた。孫の顔を見た父の顔は、かすかではあるがうれしそうに微笑んだことが分かった。

母親は、

「一応、私もお父さんのリビングウィルにサインしたけれど、こんな状況がこんなにも早く来るとは思わなかったわよ。あれから二年も時間が経っているし、ただ今の状態ではお父さんの意思は確認できないわね・・・お父さんには、この先苦しみ続けてほしくはないと思うけれど、これまで長年連れ添った存在だからこそ、まだまだ一緒にいたいわ。それに、お父さんは家族と過ごす時間を一番の楽しみにしていたし、何よりも家族が増えるのも待ち遠しいと言っていたし・・・助かる可能性、生き延びる可能性が少しでもあるのであれば、そして少しでも長く生きられるのであれば病院側に延命治療をしてほしい。」

これに対し兄は

「父さんの意思を尊重するべきだろ。病状が悪化したら苦しむのは父さん自身だし、父さん自身はそんなことを望んでいない。積極的に治療しても助からないのなら、呼吸が苦しくならないように眠らせてほしい。それに、ばあちゃんが入院した時だって、結局母さんが倒れたじゃないか。俺たちもそうならないように支えるけれど、母さんの体のことだって心配だよ。」

と答えた。

私の祖母は5年前肺炎で入院したが病状が悪化し、病院で息を引き取った。その時は、家族の中でも特に母が献身的に見舞いや身の回りの世話を行ってきた。私自身も、祖母のことを想って仕事を早く切り上げて見舞いにでかけることはあったが、それが何日も続くと正直負担に感じることもあった。殊更、母は自分の母親である祖母のことを誰よりも考えていた。どこにいても、祖母のことを気にかけている様子であった。定期的に見舞いや洗濯物を取りに行ったり届けたりもしていた。仕事と病院と家庭の負担が一気にのしかかり、過労で倒れてしまった。

母と兄の意見が真っ向から対立した。母親は少ない可能性ながらも回復する見込みを信じ延命治療を希望したが、兄は痛みを和らげる緩和治療を希望しており、父には苦しまずに残りの余生を過ごしてほしいという願いであった。

授業者自作資料
〈参考文献〉
日本看護協会HP
看護実践情報‐事例紹介
https://www.nurse.or.jp/nursing/practice/rinri/text/case/jirei_03.htm

特別活動 (3年)	学級PRプレゼンを制作しよう
	授業者 石川　哲

このポイントを大切に！　学びの再構成を促す工夫のポイント（過程Ⅰのパターン）

- ポイント1　リーダーに思いを語らせ，活動し，振り返って，成果と課題を考えさせる働き掛け
- ポイント2　PDCAサイクルで活動を見通し，チェックの視点を明らかにして試行活動を行い，活動の改善と修正を話し合わせる働き掛け

1 単元における課題

課題　学級目標の目指す姿につながる効果的な活動とはどのような活動なのだろうか。

　生徒会で学年のPRを行う機会を設けました。各学年のPRを見て「自主独立・協同」「私たちの目指す附中生」という大きな目標からよりよい姿を意識しました。その後，学年委員が中心となって，後輩によりよい活動の方法を残していくために，それぞれの学級での取組で効果的な活動や方法を紹介しようと働き掛けました。日常での自分たちの活動を振り返り，何が効果的な活動なのかを考えました。

2 単元の計画（全10時間）

	主な学習活動・学習内容
第1～3時：	リーダーが思いを語ったり行事の振り返りを行ったりする活動
	○　学年委員が最高学年として目指す姿を語ったり，演劇三役が演劇活動に対する思いを語ったりする。演劇活動終了後，振り返りを行い，課題と成果を共有する。
生徒集会：	学年委員が学年のよさをPRする活動
	○　生徒集会で各学年が活動の成果と課題を発表。
学年朝会：	学年委員から学級PR作成の依頼
	○　学年目標を振り返りつつ，学年の活動から学級の活動へとつなげる。
	＜本単元における課題＞ 学級目標の目指す姿につながる効果的な活動とはどのような活動なのだろうか。
第4時：	学級の各係の取組について，C（チェック）の視点を設定する活動
	○　日常の係活動について1学期に設定したC（チェック）とA（アクション）の項目を踏まえてPDCAサイクルのC（チェック）の視点を再修正する。
第5～7時：	係活動を試行し，活動を評価し，成果と課題をポスターにまとめる活動
	○　アンケート結果，写真，動画，数値等を分析し活動の評価を行う。その後1学期の状況，試行中，今後に向けての3つの視点から模造紙に成果と課題をまとめ，ポスターを制作する。
第8～9時： **実際の授業**（学びの再構成を促す工夫を講じた授業）	各班の学級PRを発表し，学年に提案する内容を検討する活動
	○　各班の作成した学級PRを発表する。その後，学年に提案するべき内容は何かを検討する。
第10時：	学級PRを学年に発表する活動
	○　各学級のPRを発表し，それぞれの活動のよさや課題を共有し，後輩に伝えるべき活動や方法，そして卒業期の活動に向けてよりよい学年の在り方を考える。

第2章 「学びの再構成」の視点を活用した授業改善の実践集　79

3 単元における学びの再構成を促す工夫の構想

チェック☑―授業者が再構成までの過程を構想しましょう！

○ これまでの行事や日常活動の中で学んできた「学級目標」「学級の目指す姿」「リーダーやフォロワーの思い」「係活動の方法」などの知識が，学年に提案するべき内容という新たな視点から，関連付けられていく再構成の過程を通して，生徒が資質・能力をどのように発揮していくかを構想します。

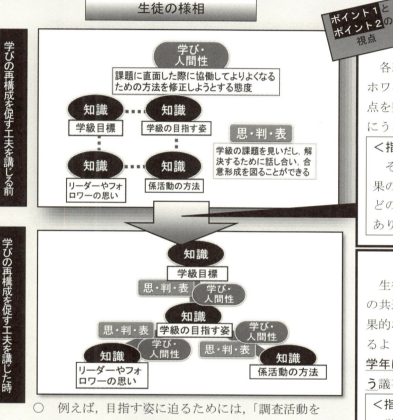

ポイント1とポイント2の視点

教師の働き掛け
　各班のPRした内容について，ホワイトボードに共通点と相違点を整理するように議事進行係にうながす。

＜指示＞
　それぞれの発表を聞いて効果の高くなる活動や方法にはどのような共通点や相違点がありますか。

教師の働き掛け
　生徒が見いだした様々な活動の共通点と相違点から，より効果的な活動は何かをとらえ直せるように，**新たな対象として，学年に伝えるべき内容を問う**よう議事進行係にうながす。

＜指示＞
　学級PRとして学年に伝えるべき内容は何だと思いますか。

○ 例えば，目指す姿に迫るためには，「調査活動をすることが実態を分析するのに有効だ」ということを学年に伝えるべき効果的な方法という見方でとらえ始め，学びの再構成が促される。

学びの再構成をした姿
再構成―学級のよさや課題
　　　　効果的な活動や方法

○ 生徒は，学年に伝えるべき活動を検討することを通して，効果的な活動の共通点を見いだしたり，学級のよさや課題を再認識したりして，課題を解決するために有効な要件に気付き始める。

80　実践編

4　学びの再構成を促す工夫を講じるまで

チェック☑─再構成に必要な知識・技能を焦点化し，構成できるようにしましょう！

○　「学級目標」「学級の目指す姿」「リーダーやフォロワーの思い」「係活動の方法」を行事や日常，生徒会の活動と関連させて，生徒が主体的に活動できる場を設定しました。

○　学級の課題を見いだすためにPDCAサイクルを意識して活動を行いました。その際にあらかじめC（チェック）の項目を考え，写真や動画などの記録を蓄積し，アンケートで実態を把握して，分析し，係ごとに学級PRのプレゼンポスターを作成しました。

ポイント1の具体　リーダーが思いを語り，活動を実践し，成果と課題を分析する活動の組織

リーダーは行事や日常の活動について自分の思いを伝える。
フォロワーは3クラス合同で行事と日常活動の成果と課題を振り返る

行事と日常の活動を結び付けながら，活動を振り返り，成果と課題を分析

ポイント1の具体　生徒会主催の学年PRの設定

生徒会委員長が学年PRを企画　／　3学年PRの発表

学級PR作成の依頼

3年生の学年PRの取組が素晴らしい。今後も1,2年生の見本になってほしい。

学年のよさがはっきりしてきた。3年生のよさをもっとPRしたい。各学級のよさや取組を紹介してほしい。

学年の実態分析・可視化・課題の発見

ポイント2の具体　PDCAサイクルのC（チェック）の設定，試行活動，PRポスターの作成

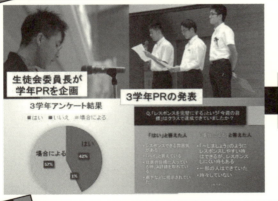

チェック項目例【黒板係】
チェック項目
　授業後に黒板が消されているか。
　チョークが足りているか
チェックの仕方
　アンケート結果を見る
　インタビューをする
　係内でチェックし合う

第2章 「学びの再構成」の視点を活用した授業改善の実践集　81

5　学びの再構成を促す工夫を講じた授業の実際（第9時）

チェック☑―手だてを講じ，生徒が3つの資質・能力を相互に発揮できるようにしましょう！

○ 具体的な手だてとして，試行活動を分析し，まとめたポスターを発表しました。各班のPRの評価後，議事進行係が授業を進行し，各班の共通点と相違点をホワイトボードに整理させました。

○ 効果的な活動を見いだしたり，学級のよさや課題を再認識したりして，課題を解決するために必要なことに対する見方を再構成しながら，構想した3つの資質・能力を相互に発揮できるようにします。

ポイント2の具体

学級目標　The dandelion
学級の目指す姿
① 一人一人が責任を持ち誰からも認められる行動をする姿
② 全員が内容や目標を共有し考えて行動する姿
③ 向上心を持ち，互いに認め合い，全体の向上につなげていく姿

それぞれの班でまとめたホワイトボード

学級PRとして伝えるべき内容の全体検討

　新たな対象として，生徒が見いだした様々な活動の共通点と相違点から，より効果的な活動は何かをとらえ直せるように，「学級PRとして学年に伝えるべき内容は何だと思いますか。」と問うよう議事進行係にうながしました。この指示により，「より効果的な活動とは何か」を視点に，自らの活動や仲間の活動を振り返り，目指す姿やリーダーの思いなどと関連付けて検討する（**知識及び技能の発揮**）（**思考力・判断力・表現力等の発揮**），課題を解決する方法をとらえ直すという学びの再構成が促されました。

　本時の授業を通して，「より効果的な活動」を視点に，ただ単にどの班がよかったと係活動の善し悪しを評価するのではなく，よりよい活動の仕方を考え，学級のよさや課題を踏まえて，事実を基に客観的に検討する姿（**学びに向かう力・人間性**）が見られました。授業の話し合いの中では以下のような意見を言う生徒がいました。

○ PDCAサイクルは重要だと思った。特に実態を分析することがすごく大事だと思った。アンケートとか面倒だと思っていたけれど，やってみたら自分の活動がちゃんと評価されていて嬉しかった。今回はみんなアンケートを採っていて，それぞれの活動がどう評価されているのかがよく分かったし，アンケートを分析して発表しているので，課題がはっきりしていた。学級PRで紹介した方がいいと思った。

　また，単元を通して，課題の発見から実践する過程で，連携を図ったり，協力したりするなどして関係を深める「人間関係形成」が育まれ，自発的・自治的な活動の中で，想像力豊かな新たな活動を生み出し，働き掛ける「社会参画」の姿を発揮し，集団の中で課題を発見しよりよく改善しようとする「自己実現」の視点が養われました。

総合的な学習の時間（3年）　みなとまち新潟の魅力の発見と発信

授業者　上村　慎吾

このポイントを大切に！　学びの再構成を促す工夫のポイント（過程Ⅰのパターン）

- ポイント1 ── モデルとなる人物や方法などを基に，探究課題に対する見方をとらえ直す働き掛け
- ポイント2 ── 単元における調査活動，体験等を通してもった複数の考えなどを概念マップにまとめ，それらの関連性から大きな概念を見いださせる働き掛け

1 単元における課題

課題　自分たちが伝えたいみなとまち新潟の魅力とは何だろう。

　生徒が新潟開港150周年記念事業に参画し，みなとまち新潟の魅力を追究しました。「自分たちが伝えたいみなとまち新潟の魅力は何か」をテーマに，調査活動をした3団体での魅力のとらえ方の共通点を可視化することを通して，自分たちが伝えたい魅力と事業に携わる方々の思いを関連付けて，みなとまち新潟を伝えるために必要な要素を考えました。

2 単元の計画（全20時間）

	主な学習活動・学習内容
第1時	新潟開港150周年記念事業のプロジェクトを知る活動 ○ 新潟開港150周年推進課から，県内外の人々がみなとまち新潟を実感してもらえるように，プロジェクトに参加してほしい依頼を受ける。
第2〜3時	自分たちが伝えたいみなとまち新潟の魅力と，魅力を発信している団体・企業等の取組を調べ挙げる活動 ○ 自分たちが伝えたいみなとまち新潟の魅力と，魅力を発信している団体・企業等の取組を調べる。（例）にいがた総踊り実行委員会─「みなと文化」の発信のための総踊りのイベント開催
第4時	ミズベリングやすらぎ堤研究会の鈴木寿行さんからいただいた「かわまちづくり」の専門的な視点の提示 ○ 全国ミズベリングの取組を基に，鈴木様からいただいた「かわまちづくり」の視点を提示する。 ＜本単元における課題＞ 　自分たちが伝えたいみなとまち新潟の魅力とは何だろう。
第5〜10時	みなとまち新潟の魅力である「水辺空間」「みなと文化・歴史」に関連した企業・団体等での調査活動 ○ グループごとに選択した「みなとまち新潟の魅力」に関連した企業・事業先で調査活動を行う。
第11〜14時 **実際の授業**（学びの再構成を促す工夫を講じた授業）	「にいがた総踊り」「新潟みなとクラブ」「サンセットカフェ」の3団体でのみなとまち新潟の魅力のとらえ方の共通点を可視化し，概念マップを作成する活動 ○ 「にいがた総踊り」「新潟みなとクラブ」「サンセットカフェ」の3団体でのみなとまち新潟の魅力のとらえ方の共通点と相違点を模造紙に可視化する。 みなとまち新潟の魅力を伝えるために大切にすべきことについてまとめる活動 ○ 3団体の調査活動を基に，伝えたいみなとまち新潟の魅力についてまとめる。
第15〜19時	みなとまちの魅力を伝えるための方法に見通しをもつ活動 ○ 訪問・体験学習で実体験した「みなとまち新潟の魅力」を伝えるために，新潟開港150周年式典で新潟市に提案する宣言にまとめる。
第20時	課題解決過程の振り返り ○ プログレスカードに蓄積してきた記録を基に，提案過程を振り返る。

3 単元における学びの再構成を促す工夫の構想

チェック☑―授業者が再構成までの過程を構想しましょう！

○ 事前に構成してきた「みなとまち新潟の魅力」「魅力を伝えるための取組」「事業に携わる方々の思い」などの知識が，人々とみなととのつながりという新たな視点から，関連付けられていく再構成の過程を通して，生徒が資質・能力をどのように発揮していくかを構想します。

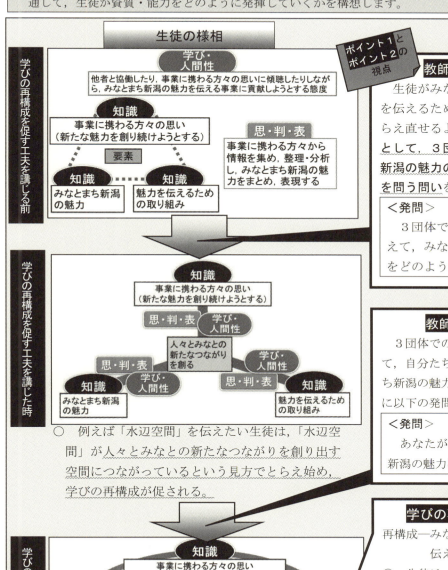

教師の働き掛け

生徒がみなとまち新潟の魅力を伝えるために必要な要素をとらえ直せるように，<u>新たな対象として，3団体でのみなとまち新潟の魅力のとらえ方の共通点を問う問いを講じる。</u>

＜発問＞
3団体での調査活動を踏まえて，みなとまち新潟の魅力をどのように考えますか。

教師の働き掛け

3団体での調査活動を踏まえて，自分たちが伝えたいみなとまち新潟の魅力を考え直させるために以下の発問を行う。

＜発問＞
あなたが伝えたいみなとまち新潟の魅力は何ですか。

学びの再構成をした姿

再構成―みなとまち新潟の魅力を伝えるために大切な要素

○ 生徒は，魅力をまとめることを通して，みなとまち新潟の魅力（水辺空間，文化，歴史など）は，魅力を創り続けようと事業に携わる方々の思いが相互に関連付けられ，構成されているという概念に気付き始める。

4 学びの再構成を促す工夫を講じるまで

チェック☑─再構成に必要な知識・技能を焦点化し，構成できるようにしましょう！

○ 「みなとまち新潟の魅力」「魅力を伝えるための取組」「事業に携わる方々の思い」を大切な知識として構成するために，みなとまち新潟の魅力を実際に発信している団体等を訪問し，モデルケースとして調査しました。

○ 「○○さんは△△の魅力をどのようにとらえ，伝えていたか」と同じテーマで，調査活動でわかった魅力などを整理，分析し，魅力のとらえが深まるように概念マップを作成しました。

ポイント1の具体　にいがた総踊り実行委員会・岩上　寛　様によるワークショップ（調査活動①）

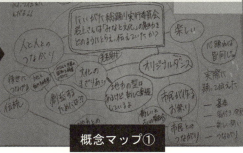

「みなと文化」の魅力に関する体験や情報を収集

「『にいがた総踊りの魅力』は今ある魅力の型に捉われずに，新しい魅力を創り続けることだな。」

【キーワード】新たな魅力の創造，伝統の後世への継承，みなとの歴史的つながりなど

概念マップ①

ポイント1の具体　『新潟みなとクラブ』様での『港』と『湊』の魅力の調査活動②

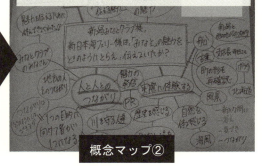

「『みなと』を別の視点から見てみると，普段気付かない魅力を沢山感じるな。」

「みなと・水辺空間」の魅力に関する体験や情報

【キーワード】人から人へ伝える魅力，体験して五感で感じる魅力など

概念マップ②

ポイント1の具体　『サンセットカフェ』・鈴木　寿行様からの『水辺空間』の魅力の話と調査活動③

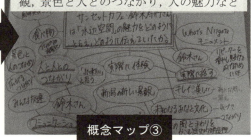

「水辺空間を通して，人と人とがつながることで，新たな魅力が生まれるんですよ。」

「水辺空間」の魅力に関する体験や情報を収集

【キーワード】みなとまち新潟の新しい景観，景色と人とのつながり，人の魅力など

概念マップ③

第2章 「学びの再構成」の視点を活用した授業改善の実践集　85

5 学びの再構成を促す工夫を講じた授業の実際（第14時）

チェック☑―手だてを講じ，生徒が３つの資質・能力を相互に発揮できるようにしましょう！

○ 具体的な手だてとして，生徒がこれまで調査活動ごとにまとめてきた概念マップを添付した模造紙を提示し，３団体でのみなとまち新潟の魅力のとらえ方の共通点を見いだすための発問を講じました。

○ 生徒が模造紙にみなとまち新潟の魅力に対する見方を再構成しながら，構想した３つの資質・能力を相互に発揮できるようにします。

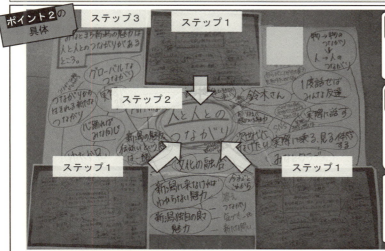

ポイント２の具体

ステップ１　模造紙に調査活動１，２，３の概念マップを添付

ステップ２　中央に，「みなとまち新潟の魅力とは？」をテーマに概念マップを関連付けた考えを記入

ステップ３　知識と知識を関連付けるために必要な視点を可視化

　新たな対象として，３団体でのみなとまち新潟の魅力のとらえ方の共通点を問う発問として，「３団体での調査活動を踏まえて，みなとまち新潟の魅力をどのように考えますか」を講じました。この発問により，「人と人とのつながり」を視点にみなとまち新潟の魅力と事業に携わる方々の思いを関連付けて（<u>思考力・判断力・表現力の発揮</u>），魅力をとらえ直すという学びの再構成が促されました。

　授業を通して，「人と人とのつながり」を視点に，生徒が「みなとまち新潟を伝えるために必要な要素」を再構成し，<u>探究課題に関する概念を形成していっていることがわかりました（知識及び技能の発揮）（思考力・判断力・表現力等の発揮）</u>。生徒は次のようにみなとまち新潟の魅力をとらえるようになりました。記述には，<u>探究課題を自分ごととしてとらえ，魅力を自ら発信してきたいという態度の表れもありました（学びに向かう力，人間性等の発揮）</u>。

○　（みなとまち新潟の）よさは他から見て思うこと。魅力は実際に自分が新潟にいて思うことだと思う。人と人とのつながりというより，今自分たちが学んだことを，今から自分たちがつながりを広げていかなければならないと思った。

　さらに，単元末に，新潟開港150周年式典でみなとまち新潟の魅力発信のための宣言を新潟市に提案する機会をいただきました。ある生徒は次のような宣言を考え，「みなとまち新潟」の魅力を発信することを自分事としてとらえるようになりました。

○　将来は，「みなとまち新潟」と，直接的にかかわっていきたい。子どもでは，みなとまちの認知活動に対して直接的な貢献はできない。そのため，大人になったら，直接的にイベントに参加し，今回の学習のように，ボランティアでみなと文化を伝える人として貢献したい。

【コラム】
なぜ附属新潟中職員は育つのか？

教頭　中村　雅芳

1　はじめに
「やってみせ　言って聞かせて　させてみせ　誉めてやらねば人は動かじ／話し合い　耳を傾け承認し　任せてやらねば人は育たず／やっている姿を感謝で見守って　信頼せねば人は実らず」

越後が生んだ偉人 山本五十六の格言です。人を育てる極意が，短い言葉に凝縮されています。「職員が育った」という前提でこれまでを振り返ってみると，まさに「山本五十六の言葉通りの取組（上村慎吾研究主任の取組）があったからこそ」との思いに至りました。以下に具体を示します。

2　研究主任の取組
（1）深い理解
上村研究主任のすごさをまずあげれば，過去から未来に向かって進んでいる教育改革の流れを，巨視的にも微視的にも正確に理解していることです。専門書の多読はもちろん，常に生きた情報を吸収し続け，「いま」を捉えています。

（2）的確な見取りと目標設定
その上で，目の前にいる生徒の実態，職員の心情や現状にも心を配りながら，取り組むべき研究目標を設定し，皆をリードします。

例えるならば，アニメ「サザエさん」のエンディングでのサザエさんです。視線は家族に向けて後ろ向きのまま，笛を吹きながら明るく前進するサザエさんの姿は，上村研究主任そのものです。

（3）賞賛と価値付け
上村研究主任は，常に職員一人一人を見ています。一人一人の授業構想や授業実践をしっかり見て，理解しています。下手をすれば，本人以上に熟知しているかもしれません。そして，一人一人の良さを賞賛し，価値付けます。不足点や課題には，代案を示しながら授業者の新たなアイディアを引き出そうとします。

（4）職員の力を信頼
価値付けの根底には，職員一人一人がもっている力への信頼感があります。もちろん，職員一人一人の経験年数や授業力等に差はありますが，誰に対しても「きっと期待値を乗り越えるはず」と，上村研究主任は職員を心から信頼しているように見えます。この姿勢が逆に，職員一人一人から上村研究主任への信頼感を生み出しているのです。

（5）率先垂範と柔軟性
加えて，上村研究主任は一番初めに授業を公開し，一番初めに原稿を執筆します。その上で，その原稿は"単なるたたき台"として職員に示し，全員から忌憚のない意見を募ります。そして，どんな意見にも耳を傾けながら誠実に，柔軟に対応し，修正も辞しません。

（6）視覚化
修正したこと，共通理解を図ったことは，時を経ずに視覚化します。複雑であることも皆に分かり易く伝わるように，簡潔に図化します。現在，年間指導計画・評価計画が，職員室の一角にあるホワイトボードに掲示されています。さらに，自らの思いや願いも日々綴り続けています。

3　教頭として
さて，そんなスーパー研究主任に甘えながら，私は教頭として何をしているのか？職員がのびのびと働ける環境整備と職員への勇気付けが自分の使命だと考え，次のことを心がけています。
- 挑戦への促しと挑戦した上での失敗の許容
- 笑いとユーモア溢れる集団作り
- 殿（しんがり）は任せろ！という声掛け
- 職員への全面的な信頼と感謝

誰にとっても心理的安全性が感じられる職員集団となっているだろうか？‥これからも常に自分に問いかけながら，一緒に進んでいきます！

第3章
「学びの再構成」を底支えする カリキュラム・マネジメント

この章のポイント！

○ 第1章と第2章では，主に授業改善の視点から，「学びの再構成を促す工夫」を手だてとして，どのように授業に活用するか紹介しました。「学びの再構成を促す工夫」によって，生徒は単元・題材のまとまりある時間において，どのような知識及び技能を関連付けるかを意識できるようになっていきます。また，単元・題材の振り返りを通して，何を深く学び，何ができるようになったかを自覚できるようになってきています。

○ このように生徒が自ら学習の目標を持ち，進め方を見直しながら学習を進め，その過程を評価して新たな学習につなげるという「主体的に学習に取り組む態度」の育成には，授業改善だけではなく，それを底支えする「カリキュラム・マネジメント」が必要です。

○ この章では，「学びの再構成」を底支えするために，生徒の主体性を高めるカリキュラム・マネジメントとの考え方と実践を紹介します。

新潟大学教育学部附属新潟中学校

研究主任　上村　慎吾

1．当校のカリキュラム・マネジメントの考え方

教育課程部会児童生徒の学習評価に関するワーキンググループによって，新学習指導要領の学習評価についての基本的な考え方ならびに観点別学習評価の改善について下記のことが示されました。

○ 学習評価に関するワーキンググループの評価の基本的な考え方について(2018)

> 答申では，「子供たちの学習の成果を的確にとらえ，教員が指導の改善を図るとともに，子供たち自身が自らの学びを振り返って次の学びに向かうことができるようにするためには，学習評価の在り方が極めて重要」として，その意義に言及している。また，「学習評価については，子供の学びの評価にとどまらず，『カリキュラム・マネジメント』の中で，教育課程や学習・指導方法の評価と結び付け，子供たちの学びに係る学習評価の改善を，更に教育課程や学習・指導の改善に発展・展開させ，授業改善及び組織運営の改善に向けた学校教育全体のサイクルに位置付けていくことが必要」とし学習評価に係る取組をカリキュラム・マネジメントに位置付けることの必要性に言及している。

上記の方向性を踏まえて，当校では，新学習指導要領で掲げられている新3観点「知識・技能」「思考・判断・表現」「主体的に学習に取り組む態度」の評価方法を具体的に実施できるように，カリキュラム・マネジメントを通して学校全体で生徒が自らの学びを振り返って次の学びに向かう主体性を高める取り組みを行っています。

とりわけ，「主体的に学習に取り組む態度」については，学習前の診断的評価のみで判断したり，挙手の回数やノートの取り方などの形式的な活動で評価したりするものではないことが強調されています。「学びの再構成を促す工夫」の手だてと合わせて，単元・題材を通して，生徒が自分自身で取り組んできた活動の履歴，作品，成果物等を自らの学習を改善するために活かし，次なる学びに向かう態度を助長するようにしています。生徒が自ら学習の目標を持ち，進め方を見直しながら学習を進め，その過程を評価して新たな学習につなげるといった，学習に関する自己調整を行いながら，粘り強く知識・技能を獲得したり思考・判断・表現したりする「学習としての評価」を大切にしています。そのために，教師と生徒が単元・題材の学習に関する目標や見通しを共有し，生徒にどのような資質・能力を身に付けてほしいかを明示的に指導するという考えをカリキュラム・マネジメントに取り入れています。

以上のことを踏まえ，当校のカリキュラム・マネジメントの考え方は次のようになります。

> ○ 教科で育成を図る資質・能力を単元・題材のまとまりで明確化し，生徒に明示する考え方

まずは，教科ごとに育成を図る資質・能力を生徒に意図的に繰り返し活用・発揮させるようにカリキュラムをデザインしています。資質・能力を同一教科でつなぐカリキュラム・デザインになります。

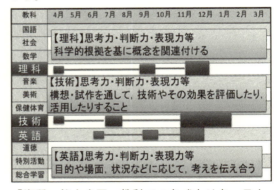

【資質・能力を同一教科でつなぐカリキュラム・デザイン】

例えば，理科で育成したい思考力・判断力・表現力等を「科学的根拠を基に概念を関連付ける力」と設定した場合，4月の単元A，9月の単元B，11月の単元Cで繰り返し活用・発揮できるようにします。「視覚的カリキュラム」を教科チームごとに作成し，年間を通して，教科でどのような資質・能力を育成したいかを明らかにします。

次にデザインしたカリキュラムを確実に授業で実施するとともに，生徒に単元・題材における資

質・能力を目標として明示します。明示することで，生徒は1時間1時間の授業の目的や，つながりを理解し，単元・題材の学習に対する主体性を高めていくのです。

2．プログレスカードを中心とした教科の資質・能力をつなぐ工夫

では，教科で育成を図る資質・能力を単元・題材のまとまりで明確化し，生徒に明示するための具体的な方法はどのようにすればいいでしょうか。

年間を通して，教科で育成を図る資質・能力を意図的に繰り返し活用・発揮させるカリキュラム・デザインを，単元・題材として確実に実践するために，視覚的カリキュラムで設定した各教科の資質・能力を「プログレスカード」に明示します。例えば，理科の単元「力のつり合い」で設定した資質・能力をプログレスカードに，単元の目標として記述し，生徒に明示するのです。プログレスカードに目標が明示されているため，教科担任や学級が異なっても，教科がチームとして同一の目標の下，資質・能力の育成が可能になります。

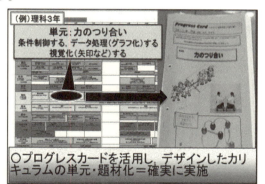

○プログレスカードを活用し，デザインしたカリキュラムの単元・題材化＝確実に実施

プログレスカードはP90, 91にあるように教科学習に対する生徒の学びの変容・成長を可視化するポートフォリオです。生徒が自分自身で自らの学びを振り返り，単元・題材の学習において，自分ができるようになったことや，自分がまだうまくできないことなどを理解し，次の学びに活かす形成的評価につながります。

1つのカードで，単元の始め，中，終わりのそれぞれの場面における生徒の学習に対する学びの変容を可視化ならびに記録できるようになっています。プログレスカードは3つの機能があります（松沢, 2002）。

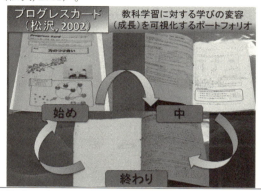

【プログレスカードの構成内容】

① 単元のはじめ

何ができるようになることが期待されているかを生徒に示す生徒用学習シラバスとしての機能

→ 単元・題材等で焦点化して育成したい資質・能力を明示化し，生徒が学ぶ目的や見通しを持てるようにする。

② 単元の中

生徒が自分自身で課題達成の様子をモニターする機能

→ 資質・能力に関する学習内容の理解度を自己評価・相互評価する項目を設定する。

③ 単元の終わり

生徒が学習成果の評価を自分で実施，記録し，教師に伝える機能

→ 各単元の課題解決の後に生徒が学習成果をまとめる。単元を通してできるようになったこと，新たに興味をもったこと，調べてみたいことなどセルフレポートとしてまとめる。

次に生徒に明示しているプログレスカードと，生徒が実際に単元の終わりにまとめたセルフレポートを紹介します。各項目の内容については，研究がまだまだ必要なところがあります。どのような視点を設定することで，有意味な単元・題材の振り返りを支援することができるかが，今後の課題にもなっています。

Progress Card 〜あなたと理科学習との掛け橋〜

単元名　力のはたらき

　　　　組　　　番　氏名

1　単元の目標＜ゴール＞

○　様々な力の種類や働き方などの性質をもとに、力が働くとどのような現象が生じるかを説明することができる。

2　身に付けるべき知識・技能

※自己評価はA・B・Cの3段階で評価します。

項目	身に付けた具体的な姿	自己評価
力の3要素と様々な力	力の3要素を説明することができる。 様々な力の種類を説明できる。	A　B　C
力の表し方	力を矢印で表したり、矢印で表された力を説明したりできる。	A　B　C
力と重さ	重さと質量の違いを理解している。 重さと力の関係を説明できる。	A　B　C
フックの法則	フックの法則を理解している。 安全かつスムーズに実験を行い、結果を記録できる。	A　B　C
つり合い	つり合いの条件を理解している。 つり合いの関係にある2力を説明できる。	A　B　C

3　身に付けるべき科学的思考力・表現力

※自己評価は5段階で塗りつぶします。

項目	身に付けた具体的な姿	できない← 自己評価 →できた
立論	複数の根拠をもとに、筋道のとおった理由付けによる仮説を述べることができる。	□□□□□
反論	他者の仮説の矛盾点や飛躍をみつけ、反論することができる。	□□□□□
模式図や式の表現	理由づけにおいて、図や式を利用してわかりやすく表現することができる。	□□□□□
発言	自分の意見を発表したり、不明な点を質問したり、他の人の考えと比較し、付け加えたり、反論したりできる。	□□□□□
修正まとめ	最初の自分の仮説を修正したり、図と文章を利用して、学習した内容を表現したりすることができる。	□□□□□

---

①単元はじめ
　何ができるようになることが期待されているかを生徒に示す生徒用学習シラバスとしての機能
　→　資質・能力の3つの柱（知識及び技能、思考力・判断力・表現力等、学びに向かう力、人間性等）から、焦点化して育成する資質・能力を単元化する。

②単元の中
　生徒が自分自身で課題達成の様子をモニターする機能
　→　単元で習得すべき知識・技能などと、達成した具体的な姿を提示し、生徒が自分自身の理解度や達成度などを自己評価し、単元の学びを自己調整できるようにする。

第3章 「学びの再構成」を底支えするカリキュラム・マネジメント　91

【生徒がまとめたプログレスカード
　　　　　　（セルフレポート）】

Progress Card 〜あなたと理科学習との掛け橋〜

4　単元を通しての振り返り

(1) 単元の目標を達成することができましたか。

できない←　　　　　　　→できた

理由
様々な力について、それぞれがどのような力なのか、どのようなときにはたらくのかなどのことを理解することができたから。また、それについての知識を利用して、様々な問題に挑戦するとき、自分の説明も考えながら解くことができたから。しかし、一方で、テストで間違えたものでもあるのだが、力のつり合いについて、知識として理解していても応用できない問題があったので、そこがあまりよくできなかった。

(2) この単元の学習内容で特に印象が残っていることや重要だと感じたことを理由とともに整理しておきましょう。※「こと」とは、内容や考え方、表現方法などである。

重要だと感じたこと
例えば、2つの磁石を、反発し合うような向きで1本の立てた棒に通したとき、上にくる磁石は浮いてはいるが、その磁石の重さがなくなっているわけではないということ。その理由として、まず2つの磁石にはそれぞれ重力がはたらいており、次に2つの磁石は反発し合っている。そして、上の磁石は浮いているので直接下の床や机の表面などにふれているわけではないが、その重さは、下の磁石が上の磁石を退けようとして働かせる磁力によって、下にある床や机にはたらいている。だから、上に浮いている磁石の重さはなくなっていない、と考えることができる。

印象に残っていること
レクサスのCMで出てきた、ホバーボードのしくみが知りたい！
また、あのCMはとてもかっこよかったので、印象にのこった。

(3) この単元を学習して、興味を持ったり、さらに探究してみたいことがあったら書きましょう。
また、この単元の学習内容が、自分たちが住む社会や仕事等の支えとなったり、役だったりすることがあったら、書いてみましょう。

興味を持ったことやさらに探究してみたいこと	社会や仕事との関連
・授業で先生が見せてくださったレクサスのCMでのホバーボードは、何かけむりのようなものが出ていたが、あれはどんなしくみで浮いているのか？ ・日常から、いろいろな現象についてどのような力がはたらいているか考えたい。	・力のはたらき方や様々な力について正しい知識をもっていれば、重い荷物を運ぶなどの作業をするときに、どうすればより軽く荷物を持ち上げられるか、もっと容易に考えることができるのではないか。それにより、作業の効率が上がったり、楽になったりすると思う。

50

③単元の終わり
　生徒が学習成果の評価を自分で実施、記録し、教師に伝える機能
→　生徒が自らの学びを振り返り、単元を学習して、興味を持ったり、さらに探究したりしたいことを可視化する。このように、生徒の学びに向かう力に関連した新たな問いをもつことにつながる。

3．プログレスカードを中心とした教科の資質・能力をつなぐ工夫の導入による効果

(1) 教科として，共通の目標に向けた単元・題材指導の展開

　今年度，当校ではプログレスカードを全教科で導入を図りました。全教科で年間カリキュラムや育成を図る資質・能力を共有することで，教科等横断的な視点から資質・能力を確実に育成しようとする職員の意識やシステムを構築することができました。また，定期テストでは，知識，技能を問う問題だけではなく，単元・題材における思考力・判断力・表現力を問う問題を実施することが可能となりました。

(2) 生徒の主体的に学習に取り組む態度を高める効果

　プログレスカードを全教科・領域の授業で取り入れたことで，生徒の自己調整に関する生徒アンケートで肯定的な数値が表れました。代表的な質問項目の結果を紹介します。

○　「教科等の学習でプログレスカードをまとめることを通して，単元・題材前後で自分ができるようになったことなど成長を感じることがありましたか。」

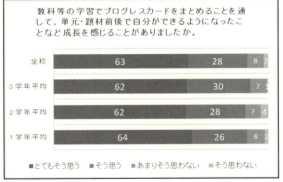

⇒　この項目では，「とてもそう思う」「そう思う」の肯定的評価の割合が全校で９１％でした。この結果から，「プログレスカード」を活用した振り返りを通して，単元・題材において自分の成長を実感している生徒が増えてきていることがわかります。ただし，授業改善との整合を常に図り，単元・題材の課題に対して生徒が魅力を感じる課題設定の工夫を忘れてはなりません。課題の質が高まることにより，生徒の振り返りも質が高まるサイクルを生み出していく必要があります。

○　最後に生徒インタビューの内容を紹介します。プログレスカードに明示された目標を基に，生徒は授業１時間１時間の活動のつながりを考えながら，学習に取り組んでいることがわかりました。

> 　今まで理科の実験を終えたときに「自分は何をしていたんだろう」と思うときがありました。プログレスカードを使うようになってから，実験はこのために行うという目標が明示されるようになったので，実験が終わった後に目的が理解できるようになりました。また，テスト前にもプログレスカードに単元のポイントをまとめてあるので，自分にとっての学びのポイントがわかるようになりました。プログレスカードがあるかないかで全然違います。

参考引用文献

○　松沢伸二（2002）『英語教師のための新しい評価法』大修館書店
○　松沢伸二，上村慎吾（2014）「関東甲信越英語教育学会第38回千葉研究大会，明海大学，『自律を育てる英語指導モデル―見通し振り返り用プログレスカードとポートフォリオを用いて―』口頭（一般）」
○　文部科学省（2017）『中学校学習指導要領解説 総則編』
○　文部科学省　中央教育審議会答申（2016）『幼稚園，小学校，中学校，高等学校及び特別支援学校の学習指導要領等の改善及び必要な方策等について』
○　文部科学省　教育課程部会　児童生徒の学習評価に関するワーキンググループ（2018）『児童生徒の学習評価の在り方について』
○　西岡加名恵，石井英真，田中耕治　編著（2015）『新しい教育評価入門　人を育てる評価のために』有斐閣
○　田村学　編著（2017）『カリキュラム・マネジメント入門―「深い学び」の授業デザイン。学びをつなぐ７つのミッション。―』東洋館出版社

あとがき

新潟大学教育学部附属新潟中学校　副校長　佐藤　靖子

　数多の中からこの書物を手にとり，お読みいただいた方々へ感謝申し上げます。研究実践には，至らなさもあることも恥じつつ，皆様の一助になればという思いで，昨年度に引き続き，本書の出版をさせていただきました。

　「この仕事に就こうと決意した日の初心を思い出して子どもたちが生きていく未来を一緒に創りませんか？」これは，当校の平成30年度研究会案内リーフレットのキャッチコピーです。経験年数を重ねるにつれ，教科に対する本質に迫る教え方ができている感覚は誰もが感じることだと思います。この学習内容の見え方やかかわり方が変化していく感覚を具体的に構造化し「主体的・対話的で深い学び」の道筋を明らかにするために各教科・領域の全体論に基づく実践提案を展開させて頂きました。

　当校の研究の進め方は，10月の研究発表会に向けて本格的に2月から始まります。その年度の研究での達成できなかった課題は何か，生徒は確実に力を蓄えてきているのか。研究を見直し，新たな論へと修正していきます。研究発表会に都合が付かず参加が叶わなかった方も多くいらっしゃると思います。そこで，数年前からは春の公開授業，夏・冬の研修会（大学の先生方からのミニ講演付き＆ワークショップ）等，春夏秋冬，他校の教員の皆様や学生の方等，誰もが気軽に参加できる開かれた研修会を行っており，毎回大勢の皆様と共に研修をしております。子どもたちに必要とされる資質・能力を育成できているのか。それぞれの経験や立場を超えて生徒の様相の事実，論拠，解釈，読みを分析し合います。まさに，対話的論証の場面であると実感します。

　また，学校全体の学力向上には，組織マネジメントと全教員で教科横断的に創り上げるカリキュラム・マネジメントは必要不可欠です。第3章では，「学びの再構成」を底支えするカリキュラム・マネジメントを掲載させていただきました。それらを今後も当校のＨＰでも随時更新して参ります。

　各教科の資質・能力をつなぐプログレスカードは生徒の変容・成長を可視化するいわゆるポートフォリオです。平成28年12月21日中央審議会答申「子供一人一人が，自らの学習状況やキャリア形成を見通したり，振り返ったりできるようにすることが重要である。」とあり，キャリアパスポートやeポートフォリオの要素を当校版として本格的に始動しました。見通しと振り返りの往還をし，自己評価することで自己の生き方や進路実現につながるようにしています。

　今までもこの生き方を求めて学んできた卒業生たちが全国や世界で活躍している様子を風の便りで耳にします。教育効果は，即効性のあるものだけではなく，ある時学んだことが，時間を経て一気に再構成されることもあります。自分の学びを道しるべとして歩む子どもの背中を家族はもとより，教育関係者は後押しするために存在する。一人一人の子どもが自ら学び，共に学ぶ授業，その先には，未来を切り拓く力を蓄えた人で満ちた世界が待っている。そう信じて，これからも真の研究へと職員一同，邁進して参ります。

　結びに，この度の研究に関して，特別巻頭言をご寄稿くださった京都大学高等研究開発推進センター松下佳代先生をはじめ，東洋大学の後藤顕一先生，京都大学大学院の石井英真先生，そして本大学の先生方，新潟県教育委員会，新潟市教育委員会の指導主事の皆様や旧同人，前副校長の津野庄一郎様，関係各位の皆々様からのご支援とお導きに深く感謝申し上げます。そして，本書の出版にあたっては，編集・刊行にいたるまで，東進堂代表取締役下田勝司様ならびに編集担当向井智央様に多大なるご支援を頂きました。心より感謝申し上げます。

　最後までお読み頂き，感謝申し上げます。もし，我々の熱い思いを肌で感じ，共に研修したいと思われた方は，いつでもお声がけ下さい。佐渡島が遠くに望める日本海のそばに建つ当校でお待ちしております。

| 執筆者一覧　　新潟大学教育学部附属新潟中学校研究同人 |

平成３０年度　研究同人

- 校　　長　　垣水　　修
- 副 校 長　　佐藤　靖子
- 教　　頭　　中村　雅芳
- 主幹教諭　　庭田　茂範（理科）
- 研究主任　　上村　慎吾（英語・総合的な学習の時間）
- 教　　諭　　石川　　哲（国語・特別活動）　　坂井　昭彦（国語）
- 　　　　　　山田　　耀（社会）　　　　　　　瀬野　大吾（数学）
- 　　　　　　熊谷　友良（数学・道徳）　　　　齋藤　大紀（理科）
- 　　　　　　和田麻友美（音楽）　　　　　　　田代　　豪（美術）
- 　　　　　　倉嶋　昭久（保健体育）　　　　　永井　　歓（技術・家庭 技術分野）
- 　　　　　　竹内　　恵（技術・家庭 家庭分野）源田　洋平（英語）
- 養護教諭　　小林由紀子

　当校の研究や実践について，より詳しく知りたいと思った方や学校訪問などを希望される方は，下記までお問い合わせください。

新潟大学教育学部附属新潟中学校

〒951-8535　新潟市中央区西大畑町5214番地
TEL: 025-223-8341
FAX: 025-223-8351
Mail: fucyu@fuchu.ngt.niigata-u.ac.jp
HP: http://jhs.niigata.ed.niigata-u.ac.jp/

附属新潟中式　「主体的・対話的で深い学び」をデザインする「学びの再構成」

2019年3月28日　初　版　第1刷発行

〔検印省略〕
定価はカバーに表示してあります。

編著者Ⓒ新潟大学教育学部附属新潟中学校研究会　　発行者　下田勝司　　　　　印刷・製本／中央精版印刷

東京都文京区向丘 1-20-6　　郵便振替 00110-6-37828

〒 113-0023　TEL (03) 3818-5521　FAX (03) 3818-5514

発　行　所
株式会社　東信堂

Published by TOSHINDO PUBLISHING CO., LTD.
1-20-6, Mukougaoka, Bunkyo-ku, Tokyo, 113-0023, Japan
E-mail : tk203444@fsinet.or.jp　http://www.toshindo-pub.com

ISBN978-4-7989-1555-5 C0037

東信堂

附属新潟中式「主体的・対話的で深い学び」をデザインする「学びの再構成」	新潟大学教育学部附属新潟中学校研究会 編著	一三〇〇円
附属新潟中式「主体的・対話的な3つの重点」を生かした確かな学びを促す授業——教科独自の眼鏡を育むことが「主体的・対話的で深い学び」の鍵となる！	新潟大学教育学部附属新潟中学校 編著	二〇〇〇円
主体的・対話的で深い学びの環境とICT——アクティブ・ラーニングによる資質・能力の育成	久保田賢一 編著今野 貴之	二三〇〇円
児童の教育と支援——学びをみつめる	田中 正浩 監修塚原拓馬 編著	二〇〇〇円
「主体的学び」につなげる評価と学習方法——カナダで実践されるICEモデル	S・ヤング&R・ウィルソン著土持ゲーリー法一監訳	一〇〇〇円
主体的学び 創刊号	主体的学び研究所 編	一八〇〇円
主体的学び 2号	主体的学び研究所 編	一六〇〇円
主体的学び 3号	主体的学び研究所 編	一六〇〇円
主体的学び 4号	主体的学び研究所 編	二〇〇〇円
主体的学び 5号	主体的学び研究所 編	一八〇〇円
主体的学び 別冊 高大接続改革	主体的学び研究所 編	一八〇〇円
現代アメリカの教育アセスメント行政の展開——マサチューセッツ州（MCASテスト）を中心に	北野秋男 編	四八〇〇円
アメリカ公民教育におけるサービス・ラーニング	唐木清志	四六〇〇円
[増補版]現代アメリカにおける学力形成論の展開——スタンダードに基づくカリキュラムの設計	石井英真	四六〇〇円
ハーバード・プロジェクト・ゼロの芸術認知理論とその実践——内なる知性とクリエティビティを育むハワード・ガードナーの教育戦略	池内慈朗	六五〇〇円
アメリカにおける学校認証評価の現代的展開	浜田博文 編著	二八〇〇円
アメリカにおける多文化的歴史カリキュラム	桐谷正信	三六〇〇円
現代教育制度改革への提言 上・下	日本教育制度学会 編	各二八〇〇円
現代日本の教育課題——二一世紀の方向性を探る	上田学 編著村田翼夫岩槻知也	二八〇〇円
日本の教育をどうデザインするか	村田翼夫上田 学 編著	二八〇〇円
社会形成力育成カリキュラムの研究	西村公孝	六五〇〇円
バイリンガルテキスト現代日本の教育	村田翼夫山口 満 編著	三八〇〇円
社会科は「不確実性」で活性化する——未来を開くコミュニケーション型授業の提案	吉永 潤	二四〇〇円

〒113-0023 東京都文京区向丘1-20-6　TEL 03-3818-5521　FAX 03-3818-5514　振替 00110-6-37828
Email tk203444@fsinet.or.jp　URL:http://www.toshindo-pub.com/

※定価：表示価格（本体）＋税

東信堂

学びと成長の講話シリーズ

① アクティブラーニング型授業の基本形と生徒の身体性　溝上慎一　二八〇〇円
② 学習とパーソナリティ——「あの子はおとなしいけど成績はいいんですよね！」をどう見るか　溝上慎一　一六〇〇円

① アクティブラーニングの技法・授業デザイン　安永悟 編　一六〇〇円
② アクティブラーニングとしてのPBLと探究的な学習　水野正朗 編　一八〇〇円
③ アクティブラーニングの評価　成田秀夫 編　一六〇〇円
④ 高等学校におけるアクティブラーニング：理論編（改訂版）　溝上慎一 編　一六〇〇円
⑤ 高等学校におけるアクティブラーニング：事例編　溝上慎一 編　二〇〇〇円
⑥ アクティブラーニングをどう始めるか　成田秀夫　一六〇〇円
⑦ 失敗事例から学ぶ大学でのアクティブラーニング　亀倉正彦　一六〇〇円

大学生白書2018——今の大学教育では学生を変えられない　溝上慎一　二八〇〇円

アクティブラーニングと教授学習パラダイムの転換　溝上慎一　二四〇〇円

グローバル社会における日本の大学教育——全国大学調査からみえてきた現状と課題　河合塾編著　三八〇〇円

大学のアクティブラーニング——経済系・工学系の全国大学調査からみえてきたこと　河合塾編著　三三〇〇円

「学び」の質を保証するアクティブラーニング——3年間の全国大学調査から　河合塾編著　二〇〇〇円

「深い学び」につながるアクティブラーニング——全国大学の学科調査報告とカリキュラム設計の課題　河合塾編著　二八〇〇円

アクティブラーニングでなぜ学生が成長するのか——経済系・工学系の全国大学調査からみえてきたこと　河合塾編著　二八〇〇円

社会に通用する持続可能なアクティブラーニング——ICEモデルが大学と社会をつなぐ　土持ゲーリー法一　二〇〇〇円

ポートフォリオが日本の大学を変える——ティーチング/ラーニング/アカデミック・ポートフォリオの活用　土持ゲーリー法一　二五〇〇円

ティーチング・ポートフォリオ——授業改善の秘訣　土持ゲーリー法一　二〇〇〇円

ラーニング・ポートフォリオ——学習改善の秘訣　土持ゲーリー法一　二五〇〇円

〒113-0023　東京都文京区向丘1-20-6　TEL 03-3818-5521　FAX03-3818-5514　振替 00110-6-37828
Email tk203444@fsinet.or.jp　URL:http://www.toshindo-pub.com/

※定価：表示価格（本体）＋税

東信堂

いま、教育と教育学を問い直す——教育哲学は何を究明し、何を展望するか	森田尚人 編著	三三〇〇円
教育的関係の解釈学	松浦良充 編著	三三〇〇円
教員養成を哲学する——教育哲学に何ができるか	坂越正樹 監修／下林泰成・山名淳・古屋恵太 編著	四二〇〇円
大学教育の臨床的研究	田中毎実	二八〇〇円
臨床的人間形成論の構築——臨床的人間形成論第1部	田中毎実	二八〇〇円
人格形成概念の誕生——近代アメリカの教育概念史	田中智志	三六〇〇円
社会性概念の構築——アメリカ進歩主義教育の概念史	田中智志	三八〇〇円
空間と時間の教育史——アメリカの学校建築と授業時間割からみる	宮本健市郎	三九〇〇円
ネオリベラル期教育の思想と構造——書き換えられた教育の原理	福田誠治	六二〇〇円
アメリカ進歩主義教授理論の形成過程——教育における個性尊重は何を意味してきたか	宮本健市郎	七〇〇〇円
マナーと作法の社会学	加野芳正 編著	二四〇〇円
マナーと作法の人間学	矢野智司 編著	二〇〇〇円
学びを支える活動へ——存在論の深みから	田中智志 編著	二〇〇〇円
グローバルな学びへ——協同と刷新の教育	田中智志 編著	二四〇〇円
子どもが生きられる空間——生・経験・意味生成	高橋勝	二四〇〇円
流動する生の自己生成——教育人間学の視界	高橋勝	二四〇〇円
子ども・若者の自己形成空間——教育人間学の視線から	高橋勝 編著	二七〇〇円
文化変容のなかの子ども——経験・他者・関係性	高橋勝	二三〇〇円
アメリカ 間違いがまかり通っている時代——公立学校の企業型改革への批判と解決法	D・ラヴィッチ著／末藤美津子訳	三八〇〇円
教育による社会的正義の実現——アメリカの挑戦（1945-1980）	D・ラヴィッチ著／末藤美津子訳	五六〇〇円
学校改革抗争の100年——20世紀アメリカ教育史	D・ラヴィッチ著／末藤・宮本・佐藤訳	六四〇〇円
アメリカ公立学校の社会史——コモンスクールからNCLB法まで	W・J・リース著／小川佳万・浅沼茂監訳	四六〇〇円

【コメニウスセレクション】

地上の迷宮と心の楽園	J・コメニウス／藤田輝夫訳	三六〇〇円
パンパイデイア——生涯にわたる教育の改善	J・コメニウス／太田光一訳	五八〇〇円
覚醒から光へ——学問、宗教、政治の改善	J・コメニウス／太田光一訳	四六〇〇円

〒113-0023　東京都文京区向丘1-20-6　TEL 03-3818-5521　FAX 03-3818-5514　振替 00110-6-37828
Email tk203444@fsinet.or.jp　URL:http://www.toshindo-pub.com/

※定価：表示価格（本体）＋税